Être présent pour ses parents

Dr Hélène Rossinot

Être présent pour ses parents

Éditions de L'Observatoire

ISBN : 979-10-329-2507-2
Dépôt légal : 2022, septembre

170 *bis*, boulevard du Montparnasse, 75014 Paris

À Toi,
qui n'est malheureusement plus là
pour lire ces quelques lignes.
Tu me manques chaque jour.

Avant-propos

C'était un matin frais, sec et lumineux. J'étais perdue dans mes pensées et je marchais au hasard des rues de ma ville pour essayer de mettre de l'ordre dans mon cœur. Je grelottais sous le soleil ; les musiques se succédaient dans mes oreilles, mais aucune ne semblait correspondre à mon humeur. Rien ne dit plus « je suis perdue » que de ne pas trouver quoi écouter. Sur le chemin du retour, à quelques pas de la maison, je suis passée devant le cimetière. Celui dans lequel reposent mes grands-parents maternels. Je m'y rends régulièrement, depuis longtemps, et notamment quand je n'arrive pas à faire le tri dans ma tête. Sans trop savoir pourquoi puisque je ne crois pas au paradis. Pour être honnête, je ne sais pas vraiment ce en quoi je crois. Mais je sais que, souvent, j'en ressors apaisée. Alors, j'ai tourné à droite et je suis entrée. Le vent faisait danser les fleurs sur les tombes. L'herbe poussait entre les pierres. Ce lieu, gardien de la mort, semblait ce matin-là garder le secret de la paix, d'un printemps calme, apaisé et plein d'espoir.

Je suis arrivée devant le caveau familial. Comme d'habitude, je me suis plantée devant la pierre de droite, celle où sont inscrits les noms de mes grands-parents.

2004. 2010. Des souvenirs lointains de leurs enterrements. Mais des images tellement vives d'eux. La douceur de pépé, la force, la vivacité de mémé. Comme chaque fois, leur mémoire glisse sur mes joues. Je m'adresse à eux, en silence. J'ai besoin de comprendre, aidez-moi. Tout arrive trop vite, je ne sais plus quoi faire. Je suis perdue, mémé, pépé, aidez-moi.

Dans mes oreilles, une chanson commence. Une de plus. Et pour la première fois, ma tête se tourne vers la pierre de gauche. Vierge. Et j'ai compris. Ce n'était pas une information nouvelle, mais pourtant c'est ce matin-là que j'ai compris. Un jour, plus tôt que je ne le voudrais, elle sera couverte des noms de mes parents. Figurez-vous que j'ai encore du mal à mettre ce verbe au futur. Et dans mes oreilles, la musique chante : « J'm'attendais pas à ça. J'm'attendais pas à moi, dans ce rôle-là[1]. »

Je comprenais. Ce qui polluait ma tête. Ce qui m'empêchait d'avancer. La peur. Terrible. De la mort. De la leur surtout. Que ce n'était plus une hypothèse vague, mais une certitude. Celle d'un jour qui viendrait toujours plus vite que je ne le voudrais.

En dépit des difficultés, ce n'est pas une histoire de douleur, de conflits, de maladie que je veux vous raconter. Parce que, malgré tout, il n'y a qu'une chose qui compte vraiment : cette histoire, la vôtre, la mienne, nos histoires de familles, nos histoires d'aidants sont avant tout des histoires d'amour. Et ça change tout.

« Aux endroits où l'on s'aime, il ne fait jamais nuit. » Et je suis rentrée vous écrire.

Introduction

Chaque famille est unique, chaque relation, chaque personne.

Certains grandissent dans des foyers remplis à ras bord de joie et de rires. D'autres connaissent la souffrance de l'abandon beaucoup trop tôt. D'enfants uniques en fratries immenses, de parents divorcés en couples soudés, de morts précoces en rides profondes, chaque famille traverse la vie à sa manière.

Il n'y a pas de formule magique pour vivre des relations familiales heureuses, parce que même le bonheur a une définition différente pour chacun d'entre nous. Et c'est normal.

Je ne pourrai pas effacer d'un coup de baguette magique les épreuves que vous allez sans doute traverser. Par contre, je peux essayer de vous y préparer, vous soutenir au mieux.

Pourtant, ce livre, je ne l'ai surtout pas voulu comme une injonction de plus. Sois là pour tes parents, pour ton conjoint, pour tes enfants ; excelle dans ton travail, aie une situation financière stable ; sois en bonne santé, mince idéalement... La liste n'en finit pas. Qu'on en soit au tout début du parcours ou que l'on s'occupe de son parent depuis des années, les conseils, diktats, ordres pleuvent de tous côtés. Chacun y va de son opinion, et la société entière impose son jugement moral sans mesurer les conséquences qui en découlent.

« Profite tant qu'il est encore là », « Repose-toi un peu », « Ne te laisse pas aller ! », « Tu ne vas pas le mettre en maison de retraite quand même ? », « Ne prends pas ton parent chez toi surtout ! » C'est simple : on ne fait jamais assez, jamais assez bien.

Comme si voir vieillir ses parents et se rapprocher le moment où il faudra leur dire au revoir n'était pas assez difficile comme cela, tout autour de nous tente de nous en imposer les modalités. Y compris, parfois, certains membres de notre foyer.

J'ai vu tellement de personnes s'écrouler sous le poids des injonctions, étouffées par ce sentiment de culpabilité qui chaque nuit les prend à la gorge et maintient leurs yeux grands ouverts. Des relations s'envenimer, de la rancune, voire de la rancœur s'installer insidieusement. Des non-dits empoisonner des familles entières.

Ce que je m'apprête à vous écrire va peut-être vous choquer. Et pourtant, vous avez besoin de le lire. Nous en avons tous besoin.

Vous avez le droit de choisir quel rôle vous souhaitez jouer dans la vie de vos parents.

Vous avez le droit de vouloir tout quitter pour être à leurs côtés, comme Marianne, qui a démissionné et déménagé à l'autre bout du pays pour vivre avec sa maman atteinte de la maladie d'Alzheimer, tout comme celui de continuer à vivre à distance, là où vous vous occupez de votre foyer, de vos enfants, comme Matthieu, qui gère de son mieux la situation de ses parents depuis les États-Unis, où il réside avec sa famille. Et, entre ces deux extrêmes, existe un arc-en-ciel de possibilités, mais aucune obligation.

L'éducation que l'on reçoit, cette vision que la société nous impose, les événements - traumatiques ou non - que l'on traverse, en particulier en tant qu'enfant, la place que nos parents nous laissent ou nous demandent, parfois inconsciemment, d'assumer, tous ces éléments font de nous ce que nous sommes et guident ce que nous pensons devoir faire.

Mais la morale n'est pas l'amour. Il n'y a pas de case à cocher pour être un bon enfant. J'en ai trop vu se détruire et ternir les souvenirs qu'ils ont des dernières années de leurs parents, car poussés par cette notion d'obligation filiale, qui veut tout et rien dire à la fois, ils ont explosé en vol. Ont dépassé leurs limites. Parce qu'ils pensaient par devoir n'en avoir droit à aucune. Pour certains, cela voulait dire accepter de faire la toilette intime de leur parent. Pour d'autres, quitter un travail qu'ils aimaient profondément.

Il y a urgence à déconstruire les schémas que notre éducation nous a fait intégrer. Être élevé pour être celui ou celle (souvent l'aîné, mais pas toujours) qui se sacrifiera pour les autres ne signifie pas que vous devez l'accepter. Vous avez le pouvoir de remettre de l'équilibre dans votre vie, vous n'avez aucun devoir de martyr.

Prendre soin de quelqu'un n'implique pas de renoncer à soi ou de s'oublier. L'amour, ce n'est pas cela.

Ce débat existe depuis longtemps au sujet des premières années de la vie. Est-on une mauvaise mère si on continue à travailler ? Bien sûr que non. Est-on automatiquement une bonne mère parce que l'on reste à la maison ? Pas forcément. Le plus important est de trouver l'équilibre qui nous convient. Qui nous épanouit. Qui permet à nos enfants de se sentir aimés. De ne pas passer sa vie à regretter un choix que l'on n'a pas fait. Nous avons mis des siècles à nous libérer des diktats de la mère parfaite, pour finalement nous emprisonner dans ceux de l'enfant idéal. Et pourtant le dilemme est similaire !

Que l'on soit face aux premières années de vie de nos enfants, ou aux dernières de nos parents, nous vivons la peur au ventre de rater un moment crucial. Un premier pas, un dernier souffle. Ne pas avoir le contrôle sur les événements, sur la vie, nous terrifie. C'est humain. Mais c'est également intenable. On ne peut pas passer chaque jour à courir après la vie. Elle ne nous attendra pas.

Tout ce que nous pouvons faire, c'est aimer. Nos parents, nos enfants, notre quotidien, nous-même. Être en accord avec ce que nous souhaitons véritablement. Les relations ne se dissolvent pas dans l'honnêteté.

On ne vous a peut-être jamais posé la question. Qui êtes-vous ? Êtes-vous vraiment au bon endroit ? Pas celui où vous devriez être, mais celui que vous désirez profondément. Vous sentez-vous piégé, ou au contraire à votre place ? Savez-vous pourquoi vous êtes ici ?

Aucune situation n'est parfaite. Mais malgré les obstacles, vous sentez-vous sur le bon chemin ?

Une réponse vous viendra peut-être immédiatement, mais prenez quand même le temps d'y réfléchir. Parfois, ce qui jaillit en premier est le réflexe conditionné et non le ressenti réel. Oubliez ce que vous devriez faire, penser, la manière dont vous devriez agir. Pour une fois, pour un instant : ne pensez qu'à vous.

Vous vous sentez peut-être bloqué aujourd'hui. Coincé dans une vie, une situation que vous n'attendiez pas, et qui vous fait souffrir.

Vous avez le droit d'être en colère. Le droit de rejeter ce que je viens de vous dire, de penser qu'il n'y a pas d'autre possibilité. C'est parfois, dans de rares cas, vrai. Mais même si vous n'avez pas la liberté d'opérer un changement complet, certaines choses peuvent toujours évoluer. Et pour que cela arrive, il faut d'abord en prendre conscience.

Faites le deuil de l'image de perfection que vous attendez, que la société veut vous imposer. Vous ne serez jamais parfait. Personne ne l'est. Vous êtes humain... C'est tellement mieux !

N'ayez pas peur de vous tromper. Vous avez aussi le droit de changer d'avis. De penser pouvoir assumer une situation et de vous rendre compte qu'en fait ce n'est pas le cas. Ou au contraire, de douter d'être capable d'accomplir quelque chose et pourtant de relever le défi haut la main ! Nous avons tous des capacités différentes, des personnalités complexes. Il n'y a aucun mal à cela.

Je ne suis ni naïve ni adepte du « yakafokon », et j'ai conscience de la difficulté de prendre du recul quand on est tête et cœur dans le guidon, qu'on se bat pour respirer entre deux instants où la vie nous coupe le souffle. Je ne vous dis absolument pas que tout ira bien, que tout sera facile. Je sais bien que ce n'est pas le cas. Je vous souhaite que tout se passe au mieux.

Mais il est tellement plus simple, même quand la vie se complique, de garder la tête hors de l'eau lorsque l'on sait pourquoi on fait ce que l'on fait, et quel sens profond ont nos actions. Quand chaque jour ne ressemble pas à une corvée. À une lutte de chaque instant. Et au fond de vous, vous le savez très bien.

Cette réflexion nécessite du temps, en tête-à-tête avec soi. De la profondeur et de la sincérité de votre introspection dépendront non seulement la façon dont vous vivrez le vieillissement ou la maladie de votre parent, mais également la manière dont vous prendrez soin de lui, et même celle dont vous ferez votre deuil.

Nous vivons tous avec des regrets, des rancunes, des non-dits. Tant que vos parents, vos frères, vos sœurs sont en vie, vous avez le pouvoir de choisir ceux avec lesquels vous souhaitez continuer à vivre, et ceux dont vous voulez vous libérer. Il n'y a pas de bon choix. Il n'y a que le vôtre. Aucun jugement à porter. La seule chose qui compte est que vous soyez en paix avec vos décisions. Vous seul êtes en mesure de pardonner ou non. D'oublier ou non. D'être présent ou non. D'aimer de près, de loin, ou pas du tout.

1

Une prise de conscience essentielle

Ouvrir grand ses yeux et son cœur

Il y a des sujets qui ont le don de nous envahir d'émotions. Penser au fait que nos parents vieillissent, que tôt ou tard ils ne seront plus à nos côtés, provoque souvent une boule dans notre gorge, une sensation désagréable au creux de notre ventre, fait déborder nos yeux. La vie a une manière tellement ironique de nous rappeler à l'ordre. On se sent parfois invincible, le chemin semble dégagé, le soleil réchauffe notre peau et pas l'ombre d'un nuage ne pointe son nez à l'horizon. Et soudain, tout bascule. Le fameux éclair dans un ciel tranquille, ou encore ce dernier qui nous tombe sur la tête. Je ne compte plus le nombre de fois où j'ai entendu des phrases comme « mes parents sont en forme, ils ont encore de longues années devant eux », « tout allait bien, donc on ne s'y attendait pas » ou encore « on a été complètement pris au dépourvu ».

Ces émotions sont puissantes, elles nous touchent au cœur et on ne sait jamais quand elles vont surgir ou, enfin, nous laisser tranquilles. La tentation est forte d'essayer de les éviter, d'y penser le moins possible. Ce n'est pourtant pas forcément une bonne idée, ni la clé pour accepter la vie qui passe.

La ligne est fine entre optimisme et déni. Les deux sont humains, mais c'est du second que je vais vous parler. J'ai bien conscience que la mort d'un de nos parents est pour beaucoup d'entre nous une de nos peurs les plus profondes.

Nous savons tous que nous mourrons un jour, ainsi que nos proches. Mais il y a une différence immense entre connaître quelque chose en théorie et en avoir profondément conscience. C'est également un problème sociétal. Oliver, aidant de ses parents et de ses beaux-parents, le dit très bien : « Un des problèmes de notre société, c'est cette peur de la mort, le fait de vouloir la repousser en permanence, je pense que c'est une grosse erreur. Il vaut mieux l'accepter de manière consciente. On le découvre par la lecture, mais surtout par l'expérience. Il faut comprendre que la vieillesse touche tout le monde et accepter de lâcher prise sur certaines choses. On assiste ainsi à la mort avec beaucoup moins d'angoisse. »

Pour beaucoup d'entre nous, la meilleure façon de vivre avec cette information est purement et simplement de la refouler quelque part dans notre esprit. Cela s'appelle le déni. Le Dr Elisabeth Kübler-Ross, médecin spécialiste du deuil, écrit d'ailleurs que « le déni est un mécanisme de protection psychique ; d'où son importance[1] ». Elle a raison.

Sauf qu'en se protégeant sur le moment, on renforce sans le savoir la souffrance qui arrivera inévitablement au décès de notre proche.

Le déni crée une barrière entre nous et l'autre. Parce qu'il nous empêche d'être présent. De nous donner entièrement dans une relation. Le déni nous retient, nous entrave.

Nous sommes des humains, faits pour ressentir, pour être transportés. Parce qu'une émotion est désagréable, elle n'est pas pour autant forcément mauvaise. C'est même souvent le contraire. Les émotions doivent nous faire trembler, tressaillir, pleurer, aimer, vivre.

Il est normal d'être touché par le temps qui s'écoule, et par les minutes ensemble qui s'égrènent.

Mettre des mots sur ce que l'on éprouve et normaliser ces sentiments sont les premières étapes vers l'acceptation.

Attention, cela ne veut pas dire se résigner. L'acceptation a une connotation positive, la résignation en est tout l'opposé. Accepter le fait que nous ne sommes pas éternels, se saisir de chaque instant, en savourer le goût, l'existence même. Rien à voir avec la fatalité qui mène à abandonner.

Il y a des milliers de façons de vieillir, et autant de scénarios qui se bousculent dans nos têtes. La peur est humaine. L'hypothèse du décès de nos parents nous force à faire face à nos angoisses les plus profondes.

Orphelin. Ce mot semble parfois irréel, destiné à désigner des enfants au destin tragique. Pourtant, un jour, nous le devenons tous. Et être orphelin, c'est perdre cette sécurité que nous avions, cette certitude d'avoir toujours au moins une personne à nos côtés, qui nous aime sans condition. C'est voir disparaître un confident, celui que l'on peut appeler nuit et jour, qui sera toujours là pour nous. C'est garder pendant des années ce réflexe d'attraper son téléphone pour partager un instant, une bonne nouvelle, une angoisse et s'arrêter au dernier moment, car on sait qu'il n'y a plus personne au bout du fil. C'est, même si l'on est adulte depuis longtemps, et souvent parent soi-même, cette sensation vertigineuse que maintenant, nous ne pouvons plus compter que sur nous-même. C'est souvent faux, dans les faits. Mais rien ne remplace le vide que les parents laissent en partant, et nous le savons, inconsciemment, alors qu'ils sont encore là.

Au fond de nous, nous restons toujours des gamins. C'est ce qui rend les maladies de la mémoire comme Alzheimer tellement douloureuses et effrayantes. L'idée de ne plus voir se refléter un jour dans le regard de notre mère que de la crainte ou de l'indifférence. Que notre père oublie peu à peu ce que nous avons en commun, les bons moments ensemble, et enfin, notre existence même. Imaginer ces moments aux premiers oublis de clés. Plus on avance, plus la crainte d'une fin avant la fin grandit. Voir s'effriter un esprit autrefois brillant, des souvenirs se fondre dans le brouillard des années qui passent, déclenche une avalanche de doutes, d'interrogations... Et si ?

Nous souhaitons tous que nos parents meurent en relative bonne santé, à l'endroit de leur choix, en paix. L'idée d'un déclin psychique ou physique est intolérable à imaginer, celle d'une fin baignée de douleur également. Nous n'y pourrons rien. On ne contrôle pas la mort, ni la maladie. Mais on peut être présent. Aux côtés de ceux qu'on aime. Accepter ces peurs, leur existence, c'est réussir à faire en sorte qu'elles ne nous paralysent pas.

Voir se courber progressivement une silhouette autrefois dynamique, se relâcher le cou au creux duquel on se blottit depuis notre enfance, se rider le coin des yeux qui nous observent avec tendresse depuis toujours, nous renvoie également le reflet de notre propre avenir. Et pour nombre d'entre nous, la peur de perdre nos parents n'a d'égale que la terreur de notre propre fin.

Et les questions s'emmêlent. Vont-ils souffrir ? Combien de temps leur reste-t-il ? Dans quelles conditions ? Et moi ? Que va-t-il m'arriver ?

Nous passons notre vie à être tiraillés entre notre esprit rationnel qui sait que nous mourrons un jour et l'irrationnel besoin de nous sentir immortels. Être témoin de la mort de quelqu'un que l'on aime, c'est prendre de plein fouet aussi la vérité de notre finitude.

Rien de tel non plus que la mort pour révéler les secrets que l'on essaye parfois de se cacher à soi-même. Car nos craintes peuvent différer par exemple d'un parent à l'autre. Il n'y a rien de honteux à cela. Aucun lien entre deux humains n'est comparable à un autre, pourquoi n'en serait-il pas de même pour les sentiments qui se cachent derrière les peurs ? On se sent parfois plus proche de l'un de ses parents, émotionnellement, intellectuellement... On peut même ne plus avoir aucun contact avec son père ou sa mère et pourtant redouter le jour où l'on apprendra son décès.

La colère est une émotion comme les autres. Vous avez le droit d'être furieux. D'en vouloir à l'un de vos parents. D'en vouloir à l'univers. Chacun réagit différemment.

Vous avez le droit d'enrager face à l'injustice de la maladie, à l'indifférence de la mort, qui fauche à toute heure.

Vous avez aussi le droit d'être triste de voir vos parents quitter puis vendre la maison dans laquelle vous avez grandi, de ne plus pouvoir demander conseil comme avant.

Il est d'ailleurs fréquent de passer par plusieurs stades, plusieurs émotions, en même temps ou à la suite, quand on prend conscience de la mort future d'une personne que l'on aime.

Elisabeth Kübler-Ross appelle cette succession d'étapes : le deuil anticipatoire, « le début de la fin ». « La confrontation entre deux mondes : l'univers sûr qui nous est familier et celui, incertain, où l'être cher s'apprête à partir[2]. » Elle ajoute : « Dans le deuil qui fait suite à une perte, on est focalisé sur le passé. Dans le deuil anticipatoire, on regarde l'avenir[3]. »

Il n'y a pas d'émotion ou de peur plus valide qu'une autre. Ce qui est important, c'est surtout d'accepter ce que nous ressentons, d'être honnête vis-à-vis de nous-même, de plonger en nous. Comme le dit justement Thomas d'Ansembourg, « ce qui a été refoulé tôt ou tard se défoule[4] ».

À l'heure où j'écris ces lignes, mes parents sont encore en vie, et je mesure ma chance. Cependant, je ne sais que trop bien l'éventail d'émotions qui se bousculent quand la mort de ceux que l'on aime se rapproche. La mort de ma grand-mère maternelle d'un cancer, que j'ai eu énormément de mal à accepter, il y a bientôt quinze ans, m'a appris que s'enfermer dans le déni n'apporte qu'un soulagement momentané et relatif. Mais j'aime à penser qu'elle est à mes côtés aujourd'hui pour vous dire de ne pas avoir peur. Pour vous dire que je vous comprends, mais que vous avez encore la chance de ne pas faire la même erreur que moi. De prendre le temps de vous préparer, de réfléchir à la manière dont vous souhaitez et pouvez aimer. Que le temps passe, mais que vous avez chaque jour une nouvelle occasion de vous ouvrir à votre parent, de partager des moments avec lui, peu importe comment. De partager vos pensées, votre quotidien. D'être présent.

Vivre pleinement votre relation ne veut bien sûr pas dire que vous devez tout accepter. Cela signifie juste que votre main tient fermement la sienne. Jusqu'au bout.

Ce qui passe par la tête des personnes en vieillissant... et que vous ne savez peut-être pas

Les êtres humains sont de manière générale très doués pour faire semblant, pour prétendre que tout va bien. Les relations familiales n'échappent malheureusement pas à cette règle. Cela peut être dû à une forme de déni, d'un interlocuteur comme d'un autre, mais également à un refus d'avouer à voix haute ce que nous ressentons vraiment.

Si nous avons de la chance, nous sommes entourés de quelques personnes en qui nous avons véritablement confiance, avec qui nous pouvons être nous-même, qualités et défauts inclus.

Mais même en face d'elles, il est parfois difficile de s'ouvrir et de dire sincèrement nos craintes, tant elles peuvent nous paraître honteuses, ou brutales, ou impossibles à entendre.

Si vous lisez ce livre, c'est que vous avez fait le choix d'être présent pour vos parents. Je vais donc vous révéler certaines des peurs et des remarques qui m'ont été très souvent confiées, afin de vous permettre d'y réfléchir, voire, si vous le pensez nécessaire, d'en discuter, ou encore de modifier quelque peu votre regard sur ceux dont nos yeux d'enfants ne veulent pas forcément admettre les faiblesses.

Agnès a 74 ans. Je la revois dans un nuage de fumée, aussi frêle que la cigarette blonde qu'elle avait à la bouche, coupe garçonne argentée et sourire chaleureux comme ce matin d'été où je l'ai rencontrée. De sa voix rauque, elle m'a raconté sans fard son angoisse de ne plus être, un jour, à la hauteur, de découvrir dans les yeux de sa fille, ou dans l'un de ses soupirs, l'exaspération d'une lenteur qui n'était pas là auparavant. Ou, pire, de la pitié. Sa peur de ne plus être assez forte, comme femme, comme mère. La hantise latente de devenir inutile.

Elle était pourtant, et d'ailleurs se sentait très en forme. Sportive, au rire bruyant et contagieux, avec une vie sociale sûrement plus remplie que la mienne. Je ne m'attendais pas à ses mots alors je l'ai interrogée sur la relation qu'elle entretenait avec sa fille. Fusionnelle. Toutefois elle ne lui avait jamais dit ce qu'elle venait d'admettre au détour de notre conversation. Pudeur ? Orgueil ? Refus d'inquiéter ou d'apitoyer ? « Un peu de tout ça, je pense. » « Je ne veux surtout pas qu'elle soit déçue », a-t-elle ajouté, ses yeux noisette remplis de bienveillance et de quelques larmes.

Quelques mois plus tard, j'y repensais en discutant avec Hervé, 61 ans, qui aide sa maman depuis le décès de son beau-père plusieurs années auparavant. Caché derrière d'immenses lunettes à la monture noire, il me racontait qu'il avait récemment compris l'importance d'apprendre la patience vis-à-vis de ses parents, justement pour ne pas renforcer ces émotions. Il l'avait découvert de manière complètement inattendue, pendant qu'Huguette, 86 ans, équeutait un à un les haricots verts prévus pour le déjeuner. Il avait, un peu agacé, lâché : « Attends, je vais le faire, j'irai plus vite. » Il était loin d'imaginer que sa mère, après l'avoir foudroyé du regard, se lèverait avec rage et, lançant le torchon rempli des queues sur son fils, quitterait la pièce en maugréant : « Puisque je ne suis plus bonne à rien, tu te débrouilleras tout seul. » Elle avait mis plusieurs jours avant d'accepter de lui reparler, et il avait fallu une discussion à cœur ouvert pour qu'Hervé comprenne pourquoi il l'avait blessée.

Hommes et femmes en vieillissant sont sujets à ces angoisses. Elles ne démarrent cependant pas forcément au même moment.

Pour les femmes, la ménopause apporte généralement son lot de remises en question, de changements corporels qui sont les premiers signes visibles du vieillissement. Et, pression sociétale oblige, les modifications de l'apparence qui s'additionnent au fil des années sont souvent difficiles à accepter. C'est d'ailleurs ce que Simone de Beauvoir décrit dans *La Force des choses*[5] : « À quarante ans, un jour, j'ai pensé : "Au fond du miroir la vieillesse guette ; et c'est fatal, elle m'aura." Elle m'a. Souvent je m'arrête, éberluée, devant cette chose incroyable qui me sert de visage. [...] Je déteste mon image : au-dessus des yeux, la casquette, les poches en dessous, la face trop pleine, et cet air de tristesse autour de la bouche que donnent les rides. Peut-être les gens qui me croisent voient-ils simplement une quinquagénaire qui n'est ni bien ni mal, elle a l'âge qu'elle a. Mais moi je vois mon ancienne tête où une vérole s'est mise dont je ne guérirai pas. »

Agnès me l'avait dit plus prosaïquement : « Vous savez, tout fout le camp ! »

L'étape suivante, la retraite, a tendance à plus souvent affecter les hommes[6], même si bien entendu chaque personne est différente. Pour la psychologue Anasthasia Blanché, « la perte du statut professionnel peut mettre le sujet face à des angoisses archaïques massives d'abandon ». Et lorsque l'on a construit une grande partie de son identité autour de son travail, que l'on soit un homme ou une femme, le jour où la retraite sonnera est redouté, ouvertement ou plus secrètement. Il arrive qu'il soit précédé d'un soulagement, voire de l'impatience d'une « nouvelle vie ». Ce qui empêche parfois les proches de se rendre compte du chamboulement que la retraite apporte.

C'est Audrey, 79 ans, qui en parle le mieux. Je l'ai rencontrée quelques mois après le décès de son mari. Malgré la peine, elle se tenait droite dans un ravissant cachemire mandarine, sa chevelure brune retenue en un chignon parfaitement arrangé. C'est en passant la main dans son cou, sur lequel roulait un collier de perles, qu'elle commença à parler de ce qu'elle a appelé « nos petits et grands deuils ». La difficulté qu'a eue son mari, Arthur, grand professeur de droit, à se retrouver tous les jours sans vraiment savoir quoi faire. Au début, il avait persisté à aller à la faculté, y avait gardé un bureau. Mais la vie là-bas avait continué, sans lui. Rapidement, il s'était replié vers son salon, où il passait ses journées à lire, jusqu'à ce que sa vue décline. « C'était le deuil de sa vie, de lui-même. Il a eu énormément de mal à l'accepter. » Elle poursuivit : « À côté de ces moments clés, la vieillesse est surtout une succession de petits deuils, de prises de conscience. Quitter définitivement les talons que l'on aimait tant pour le confort des mocassins. Se réjouir de venir chercher sa fille à la gare lorsqu'elle vient nous rendre visite, jusqu'au jour où, fatiguée, on la laisse prendre un taxi. Ces quelques marches dans la maison que l'on a de plus en plus de mal à franchir, et qui, on le sait, nous pousseront bientôt à devoir déménager. Heureusement, ils s'entremêlent à une ribambelle de moments joyeux, de partage. »

Sur ce point, tous se rejoignent. L'importance des petits bonheurs, des instants en famille, de rire encore. « À condition de ne pas être considérée seulement comme une grand-mère ! » ajoute en souriant Agnès, pour qui les conversations d'adultes, en tête-à-tête avec sa fille, sont aussi essentielles que le temps passé avec ses petits-enfants.

À nous de prendre conscience que nos relations avec nos parents évoluent peu à peu, que les forces et les faiblesses de chacun peuvent se modifier avec le temps, et qu'il est primordial que, peu importe notre rôle à un instant donné, le regard que nous portions sur nos parents soit rempli d'amour, de lucidité et de respect.

Affaires de famille

Ah ! les histoires de famille... Sources inépuisables de conflits, joies, drames, rires, engueulades, soutien, petites et grandes manipulations, elles sont les racines d'une grande partie de la littérature depuis des siècles, avec raison.

Aucune famille n'y échappe. Nous grandissons tous avec nos propres expériences, réactions, parfois traumatismes. Et nous pensons deviner ce que ressentent les autres autour de nous. Dans certains cas, nous avons raison, mais nous pouvons aussi nous fourvoyer complètement. Et quand les parents vieillissent, les sentiments cachés, parfois depuis des décennies, peuvent rejaillir.

S'occuper de nos parents lorsqu'ils prennent de l'âge signifie être confronté à un moment ou un autre à d'autres visions de l'avenir, mais également du passé. Il est toujours temps de s'asseoir autour d'une table et d'apprendre à se connaître, vraiment. Vous pourriez être surpris de ce que vous entendrez, mais aussi mieux comprendre des comportements qui vous semblaient inappropriés ou qui vous ont parfois même blessés.

C'est un pas important à franchir, pour pouvoir décider sereinement de la suite, ensemble.

J'ai eu la chance d'assister à certains de ces moments, entre frères et sœurs. Nos entretiens, qui avaient à l'origine vocation à entendre les témoignages autour des rôles d'aidant dans ces familles, ont parfois débouché sur des discussions à bâtons rompus, où tous ont commencé à faire tomber les barrières qui s'étaient érigées entre eux. Peut-être vous reconnaîtrez-vous dans leurs histoires. Peut-être avez-vous déjà, en lisant ces quelques lignes, une personne, une idée en tête. Quoi qu'il en soit, ces instants de vie m'ont montré à quel point il était primordial de ne pas rester sur nos propres interprétations des événements, surtout lorsqu'il est question de famille.

Frédéric et Manon s'étaient réunis pour l'occasion chez l'aînée de la fratrie. Longue et épaisse chevelure blanche et grise, Valérie, 45 ans, avait le don, en plantant son regard brun doré cerné de crayon noir droit dans vos yeux, d'immédiatement vous faire sentir à l'aise. Dans un grand sourire, elle expédia les salutations, s'empara de mon manteau et me fit asseoir dans un fauteuil, face à son frère et sa sœur, qui touillaient leur café, enfoncés dans un canapé gris. Elle nous rejoignit quelques instants plus tard, deux tasses à la main. L'entretien commença par une présentation rapide de chacun. Manon d'abord, 33 ans, petite dernière de la famille, maman de Julie, 3 ans, et commerciale. Puis Frédéric, 38 ans, informaticien et célibataire, qui semblait assez peu enthousiasmé par sa présence ce matin-là chez sa sœur. Et enfin, Valérie, fonctionnaire et maman de deux grands enfants de 22 et 25 ans. Je compris dès les premières minutes qu'il était assez rare pour eux de se retrouver ensemble autour d'un verre pour discuter. Ils avaient beau vivre dans la même agglomération, chacun avait fait sa vie de son côté, et les retrouvailles n'avaient souvent lieu que lors d'événements familiaux, comme un mariage ou l'anniversaire d'un enfant. La conversation était assez poussive, principalement portée par les deux femmes. Elle tournait autour de leurs parents, de 75 et 85 ans, et du malaise récent, heureusement sans gravité apparente, de leur père. C'est une phrase, qui aurait pu être anodine, de Valérie, qui enflamma soudainement la conversation.

« De toute façon, il n'y a pas à s'inquiéter, j'ai déjà rencontré un médecin dans un EHPAD*, ça m'a l'air bien là-bas, la solution est toute trouvée. »

Enfoncé dans le canapé, Frédéric se raidit tout d'un coup, poings fermés sur son jean délavé, tandis que Manon, de surprise et de colère, posa un peu trop vivement sa tasse sur la table basse et renversa une partie de son café. « Pardon ? s'étrangla-t-elle. Depuis quand a-t-il été décidé que papa et maman iraient en EHPAD ? Ils sont au courant au moins, ou tu as fait ça dans notre dos à tous ? » Une chape de plomb s'abattit sur le salon, et la tension aurait pu se couper au couteau. Je n'osais dire un mot. « Depuis que j'ai décidé que j'en avais fait

* Établissement d'hébergement pour personne âgée dépendante.

assez dans ma vie, et comme vous n'avez jamais rien géré quand il s'est agi de nos grands-parents, je me suis dit que c'était la meilleure solution. »

Les yeux de Frédéric, toujours silencieux, s'écarquillèrent. « Comment ça, on n'a jamais rien géré ? Mais tu n'as jamais rien demandé, on n'a jamais pu prendre ne serait-ce qu'une initiative ! C'est facile de se plaindre ensuite ! » Manon ajouta, franchement énervée : « Et puis, je suis allée les voir régulièrement papi et mamie, j'ai été là pour eux ! » Valérie rétorqua qu'elle avait dû s'occuper de toute la logistique, des papiers, et même des funérailles, quand sa mère avait été trop mal pour le faire. En plus d'élever ses enfants, et le tout en plein divorce. « Donc, vous êtes mignons, mais vous n'avez aucune idée de ce que j'ai sacrifié. » Manon demeura quelques instants interdite. Frédéric, lui, répondit assez agressivement que c'était facile de se poser en victime quand on n'assumait plus ses choix. Qu'il avait toujours été là mais que, comme d'habitude dans cette famille, personne ne s'intéressait à son opinion ou à ce qu'il pouvait apporter. Manon heurta son genou d'un revers de main. « Arrête de te plaindre, Fred, tu es adulte. Si tu n'étais pas content, tu pouvais aussi le dire. » Puis se tournant à nouveau vers Valérie, elle demanda plus doucement : « Mais pourquoi ne nous en as-tu jamais parlé ? »

« Parce que j'ai toujours dû me débrouiller toute seule. » Sa voix se cassa légèrement. « Vous savez, papa et maman ont travaillé nuit et jour pour qu'on puisse s'en sortir. Je n'ai jamais eu d'autre choix que d'être là pour vous, j'étais l'aînée ! C'est à moi qu'ils demandaient toujours de s'occuper de vous. Je n'ai jamais eu droit à des soirées entre amies, ni même à ce séjour à l'étranger auquel je tenais tant quand j'étais ado. Vous, si. Je ne regrette rien, mais j'ai déjà passé une partie de ma jeunesse à m'occuper de vous, et quelques années à m'occuper de papi et mamie, au détriment de mon couple. Alors aujourd'hui, même si je les aime, mes parents, je ne peux plus donner autant. J'ai pensé que ça serait la meilleure solution. Je me rends compte que j'aurais dû vous en parler, mais j'avais honte. »

Manon se leva pour aller s'asseoir à côté de sa sœur, tandis que le regard de Frédéric s'était adouci. La suite de la discussion dura plusieurs heures. Souvenirs d'enfance, sentiments et rancunes en pagaille se mêlèrent tour à tour dans une conversation à cœur ouvert qui n'avait que trop tardé.

Quand j'ai rencontré Julie, Charlotte et leur mère, Catherine, l'ambiance était à la bonne humeur et à la complicité. Très proches, en âge comme dans la vie, les deux sœurs de 43 et 45 ans se relayaient autour de leur maman qui, suite à une mauvaise chute, s'était fracturé le pied. Charlotte avait décidé de revenir s'installer quelques mois avec Catherine afin de la soutenir au quotidien ; Julie s'occupait des courses et de l'accompagner quand nécessaire chez le médecin. Tout semblait se dérouler sans accroc, et Catherine comme Luigi, son cocker, avaient l'air plutôt heureux d'avoir de la compagnie. Les trois femmes, aussi rousses les unes que les autres, plaisantaient allégrement, en particulier à propos des débuts récents de Catherine dans l'univers du sport. Charlotte ayant décidé de l'aider à rester musclée et à utiliser sa canne et ses béquilles le plus simplement possible, Catherine se retrouvait donc chaque matin à soulever de petits haltères roses, histoire de renforcer ses bras. L'humeur se rafraîchit soudainement quand je m'aventurai à demander comment se passaient les choses du côté de leur père. Divorcé de Catherine depuis quinze ans, Claude, 90 ans, vivait seul chez lui, grâce à des aides à domicile. Julie balaya le sujet d'un laconique « Il se débrouillera seul », qui lui valut les regards exaspérés de sa mère et de sa sœur. Elle renchérit : « Écoute, maman, il n'a jamais été là lorsqu'on était enfants, il bossait tout le temps, même en vacances, il passait son temps au téléphone, ne s'est jamais vraiment intéressé à nous, alors pardon si je ne me sens pas plus concernée que ça aujourd'hui. Il l'a cherché. »

« C'est ton père quand même, Jul... Tu as le droit de lui en vouloir, mais je trouve ça dommage que tu ne lui adresses plus la parole du tout ! » Dans un soupir contrarié, Julie quitta soudainement la table. Charlotte s'excusa rapidement et partit à sa suite pour essayer de faire redescendre la tension.

Je me retrouvais face à Catherine, visiblement affectée par la situation.

« Vous savez, elles ont raison toutes les deux, sur le fond. Pour Claude, la famille n'a jamais été une priorité. Mais les filles ont réagi très différemment à son attitude en grandissant. Julie s'est rebellée, s'est opposée à lui, et aujourd'hui encore, vous l'avez bien vu, elle lui en veut. Charlotte, elle, s'est construite en faisant tout ce qu'elle pouvait pour qu'il la voie, qu'il la regarde ne serait-ce que quelques secondes, qu'il reste. Comme si c'était sa faute si elle ne réussissait pas à le retenir. Nous sommes très proches toutes les trois, et j'en suis vraiment très heureuse, j'adore les avoir auprès de moi. Mais je sais que Claude a 90 ans, et qu'il va bientôt avoir besoin de plus… Je pense que Charlotte sera là, et je ferai de mon mieux aussi. Pour Julie… Je ne sais pas. Je comprends et respecte sa réaction aussi. »

Les deux sœurs rejoignirent la table quelques minutes plus tard. C'est Julie, étonnamment, qui au détour de la conversation qui suivit, s'interrogea à voix haute : « On devrait peut-être au moins dire ce qu'on a sur le cœur à papa. Je ne suis pas sûre qu'il le sache. »

Je ne sais pas si cette conversation a eu lieu, et si elle a débouché sur une avancée concrète. Tout ce que je sais, c'est qu'il est de l'intérêt de chacun de réussir à comprendre quels mécanismes, blessures, sentiments nous ont conduits là où nous en sommes. Et en particulier quand l'enjeu est de prendre soin d'un autre.

Frères, sœurs, oncles, tantes, cousins, la liste est parfois sans fin. Avez-vous une idée des conflits qui pourraient rejaillir ? Savez-vous si quelque chose se cache derrière des années de silence ? Quand arrive le moment d'aider un de ses parents, il est primordial de savoir qui sera là, sans pour autant porter de jugement, peu importe la distance ou les idées parfois préconçues que l'on peut avoir. Et avant de tous vous mettre autour d'une table pour discuter, avoir un peu de recul est fondamental. Prenez le temps d'étudier non seulement les dynamiques de votre famille, mais également d'essayer de comprendre ce qu'ont pu vivre les autres, et quel rôle selon vous ils souhaiteront - ou non - jouer un jour.

Les préparatifs de la randonnée

J'aime voir les années auprès de nos parents comme une longue randonnée. Un parcours pas forcément simple, avec des montées qui coupent le souffle, des descentes caillouteuses, des chemins qui se croisent ou se séparent, mais aussi des paysages époustouflants, et surtout une succession de moments de bonheur partagés.

Que vous ayez tout juste choisi de vous lancer dans cette longue marche, que vous soyez devant le premier panneau ou déjà dans les tréfonds de la forêt, dites-vous une chose : vous allez y arriver, et c'est le moment, si ce n'est pas déjà fait, de sentir au fond de vous que vous pouvez avoir confiance, que quoi que vous rencontriez sur ce chemin, vous saurez quoi faire. Car c'est le cas.

Lorsque l'on décide de partir sur un parcours de randonnée, certaines phases de préparation sont incontournables. On les retrouve dans cette aventure qu'est l'accompagnement de nos parents. Ne vous inquiétez pas si vous avez manqué quelques étapes ou si vous les avez suivies dans le désordre. Nous sommes là pour cela. L'essentiel réside d'abord dans la prise de conscience de ces paliers et de leur nécessité.

Savoir avec qui vous allez marcher est une étape déterminante. Qui sera à vos côtés du début à la fin. Qui se chargera de venir vous chercher quand la route sera terminée, qui vous pourrez retrouver ponctuellement pour un ravitaillement, qui vous accueillera dans son refuge, mais également qui n'a pas le temps ou l'envie d'aller en montagne avec vous. Vous ne pouvez pas vous permettre de présumer, de deviner. Bien sûr, vous pouvez être rejoint en cours de route, avoir une bonne surprise. Mais vous devez savoir sur qui vous pouvez compter. Le chapitre précédent abordait en réalité les prémices de cette question fondamentale. Il est important de réfléchir aux raisons qui pourraient pousser certains de vos proches à être enthousiastes ou au contraire rétifs, d'envisager les conflits susceptibles de jaillir au milieu du sentier.

Maintenant, l'heure est venue de pousser plus loin, d'approfondir, d'analyser, ensemble. Car au-delà de la certitude de leur participation, vous aurez besoin, toutes et tous, de connaître et d'accepter vos forces, vos contraintes, vos difficultés, vos besoins personnels.

Comme on ne se lance pas sur un chemin de Grande Randonnée sans entraînement, avec un sac de 30 kilos si on a les lombaires fragiles, on ne démarre pas ce parcours sans faire un état des lieux sincère des possibilités de chacun. Sans aucun jugement. Ce ne sont que des faits à prendre en compte pour que tout se passe au mieux. Votre équipée n'en sera que meilleure si vous savez vous appuyer les uns sur les autres, au lieu d'attendre que tout le monde soit capable de la même chose. Certains ont plus de force physique, peuvent porter les sacs les plus lourds, d'autres un meilleur sens de l'orientation, d'autres encore sont des pros de l'organisation. Les bons équipiers sont souvent complémentaires.

Une fois que vous connaîtrez vos partenaires, vous pourrez passer à l'étape suivante : il vous faudra, dans l'idéal, récolter un maximum d'informations sur le parcours que vous envisagez de réaliser. Il est cent fois plus difficile de se repérer sans carte, ou de se retrouver à la croisée de deux sentiers de terre, aux balises similaires, si vous ne savez pas ou mène chacun d'entre eux. C'est bien sûr faisable, mais cela vous demandera plus d'efforts et risquera de vous épuiser beaucoup plus vite.

Plus votre connaissance du terrain sera bonne, plus vous saurez vous orienter, même en cas d'imprévu. Et c'est pour ça qu'il est important d'explorer toutes les possibilités, y compris celles que vous n'envisagez pas forcément. Je pousserai même le raisonnement plus loin : explorez également les routes parallèles, celles qui ne correspondent pas à ce que vous souhaitez faire, celles que vous n'imaginiez pas pour votre randonnée. Parfois, un événement imprévu, un accident, un éboulement, nous force à modifier complètement notre approche, notre trajet. Jetez aussi un œil sur les endroits qui sont sur le parcours mais que vous ne voulez pas rejoindre, une maison de retraite par exemple. En gardant l'esprit ouvert, en accumulant les informations, vous pourrez prendre en équipe des décisions réellement éclairées, et vous serez peut-être surpris de ce que vous découvrirez.

Une fois que vous connaîtrez bien le terrain, au moins sur le papier, vous saurez de quel matériel vous aurez besoin. Vous pourrez prévoir les chaussures adéquates, de quoi braver des températures différentes, de quoi vous abriter en cas de problème. En randonnée, anticiper les changements de météo, avoir un matériel adapté est vital. La montagne ne pardonne pas. Chaque préparation est différente, mais on y retrouve des points communs. Pour vous, il s'agira peut-être de réfléchir assez tôt aux changements dont vous pourriez avoir besoin au travail, pour que votre sac ne s'alourdisse pas trop. D'explorer quelles solutions existent autour de vous pour vous protéger en cas d'intempérie, pour vous réfugier si nécessaire. De repérer les postes de secours disponibles sur la route. Il n'est pas possible de tout prévoir, mais certains de ces réflexes peuvent occasionner une différence non négligeable dans la difficulté du périple.

Maintenant que vous êtes prêt à partir, quelques derniers conseils pour la route, que nous aborderons bien plus en détail dans la suite de ce livre. Chacun avance à son rythme et, dans un groupe de randonnée, il est important de ne pas aller plus vite que ce que les autres peuvent supporter. Marcher ensemble n'est pas tant un enchevêtrement d'expériences personnelles qu'un moment de partage.

Certains ont besoin de plus de pauses, de ravitaillements plus fréquents. Peut-être est-ce votre cas. Ne repoussez pas constamment vos limites. Prenez les gorgées d'eau, les barres de céréales, les instants de répit assis sur un rocher dont vous avez besoin. Même si vos équipiers râlent parfois. C'est une marche longue, et si vous voulez tenir jusqu'au bout, il faudra apprendre à vous écouter et à respecter vos besoins et vos limites, comme celles des autres.

Je sais que certains d'entre vous sont déjà sur le chemin depuis longtemps. Il est toujours temps de vous asseoir avec ceux qui partagent votre route, d'évaluer vos avancées, de revoir la répartition des tâches, du poids des sacs, ce qui pourrait évoluer, vous aider. Ce qui vous manque aussi, peut-être. Aucune honte à cela. Anticiper est l'idéal, mais n'est malheureusement pas toujours faisable. L'avenir se prépare ensemble à chaque heure, et il n'est jamais trop tard pour reprendre une situation en main.

Et enfin… n'oubliez pas de savourer les bons moments. On est parfois tellement concentré sur l'effort, sur cette fichue montée qui n'en finit pas, qu'on oublie de regarder la cascade majestueuse juste à côté de soi. Prenez le temps de rire. De faire des photos. D'avaler le paysage. De créer des souvenirs. Vous n'avez pas de performance à accomplir. Juste un beau moment de vie à partager tous ensemble.

2

Préparer l'avenir ensemble

Nous souhaitons tous que nos parents restent à nos côtés le plus longtemps possible et dans les meilleures conditions qui soient. Si la survenue d'une maladie grave ne dépend pas de nous, et qu'on ne peut bien entendu pas protéger ceux que l'on aime de la vie elle-même, il est cependant tout à fait envisageable de se donner en famille une véritable chance, non pas d'éviter tous les obstacles, mais plutôt d'être assez forts et préparés pour les franchir tous ensemble.

Dans les faits, cela passe par trois étapes essentielles :

- apprendre à communiquer – avec ses parents, sa famille, les équipes soignantes – afin de pouvoir aborder des thématiques parfois complexes et déjouer agressivité et non-dits ;
- anticiper et prendre des dispositions et des décisions communes qui faciliteront la vie et réduiront le risque de devoir agir en urgence ou à l'aveugle ;
- prévenir, par la mise en place de certaines habitudes de vie, une dépendance qui trop souvent paraît inévitable. En réalité, il est tout à fait possible de réduire fortement le risque d'apparition

de nombreuses maladies et, plus encore, de mettre toutes les chances du côté de vos parents (et du vôtre !) de vieillir en bonne santé.

Apprendre à communiquer

Il est possible que ce titre vous fasse sourciller. Après tout, communiquer n'est pas si compliqué ! Il s'agit avant tout de parler, d'être éloquent, n'est-ce pas ? Du moins, c'est ce que nous sommes conditionnés à considérer de nos jours. Sauf que « communiquer » est beaucoup plus complexe que de simples effets de langage. Pour réussir à avoir un échange réel, à transmettre un message et en recevoir un, il est nécessaire d'être capable de s'écouter, de s'ouvrir, mais également d'être vraiment attentif à l'autre. Et nombre d'entre nous ont perdu ces capacités, noyés dans une société où le paraître prime souvent sur l'être. C'est non seulement dommage, au quotidien, car nos relations restent ainsi fréquemment superficielles, mais également destructeur lorsqu'il s'agit de prendre soin de quelqu'un.

Ce manque de véritable partage est l'une des raisons des frustrations, rancunes, éloignements, et même de l'épuisement et de la lassitude que nous pouvons parfois ressentir. Il nous empêche aussi souvent d'être entendus.

Les trois étapes que je vous suggère pour une communication solide

Il y a à mes yeux trois grandes étapes à considérer si nous souhaitons mettre en place une façon de communiquer fiable, qui nous permette non seulement d'améliorer nos liens avec nos proches, mais également de mieux faire entendre leurs besoins quand il le faut.

J'ai conscience que les quelques pages qui vont suivre pourront paraître assez théoriques à certains d'entre vous. Le but n'est pas d'apprendre par cœur chaque ligne de ces techniques, ce qui ne garantirait d'ailleurs pas leur fonctionnement, mais d'en saisir le cœur, les grands principes, et de les mettre en application au fur et à mesure. La pratique et l'envie de mieux faire seront de bien meilleurs guides que l'application stricte d'un système.

Première étape : apprendre à nous écouter nous-même

Cela peut paraître surprenant au premier abord, et pourtant il est primordial de décrypter ce qui se cache derrière ce que nous pensons exprimer. Nous avons abordé la question des émotions quelques pages plus haut. Ne pas avoir peur de nos sentiments est le prérequis à l'acceptation de ce que nous éprouvons. Il est capital de prendre le temps de creuser, chercher à comprendre ce qui nous anime, discerner ce qui nous bouleverse, nous fait avancer, l'agréable comme le désagréable. Facile à écrire, beaucoup moins à faire.

Nous sommes presque tous coupables, dans un monde qui nous pousse à toujours plus de contrôle de soi, plus de performance, de tenter de passer sous silence colère, tristesse, envie, de les cacher derrière ces fameux « moments de gratitude », ces « affirmations positives » dont réseaux sociaux et guides de développement personnel nous rabâchent l'importance à longueur de posts et de pages. Mais attention, la « positive attitude » a ses limites !

Le philosophe Alain, dans *Propos sur le bonheur*[1], écrit : « Mimez la force plutôt que la faiblesse, mimez la bonne santé plutôt que la maladie et l'imagination dévastatrice aura du mal à s'installer. » Certes. La méthode Coué, qui inspira tant d'ouvrages et de courants, et la fameuse citation de son créateur, « Tous les jours, à tous points de vue, je vais de mieux en mieux », sont dans la même veine. Accepter ses sentiments signifie bien entendu être capable d'identifier ce qui va bien, ce qui nous rend heureux. Reconnaître, embrasser, profiter de chaque instant de joie est essentiel, et un puissant moteur de vie, tout comme peut l'être l'optimisme. Il n'est pas question de le nier, bien au contraire.

Cependant, s'accrocher uniquement à ces pensées, sans accorder d'attention à nos autres sentiments n'est ni sain ni honnête. Les utiliser pour camoufler ce qui peut nous gêner, nous torturer parfois, comme une sorte de balai de joie et de gratitude qui repousserait discrètement sous le tapis angoisses, moments de colère, de frustration, garantit au contraire qu'un jour l'accumulation de poussières négatives finira par être bien visible. Pire, si le tas grossit trop, le risque que vous ou l'un de vos proches s'y prenne les pieds ne fera que croître, lui aussi. Je vais me permettre une seconde illustration, par l'absurde cette fois.

Imaginons que votre téléphone vous signale qu'il ne lui reste que 20 % de batterie. Vous choisissez d'ignorer cette notification pour vous concentrer sur la joie que vous éprouvez à jouer à Candy Crush. Un second message fait irruption sur votre écran une dizaine de minutes plus tard. 10 %. Et pourtant, quel privilège de pouvoir utiliser votre smartphone alors que d'autres n'en ont pas ! Vous êtes empli de gratitude. Quelques instants plus tard, bien sûr, tout devient noir. Ridicule, n'est-ce pas ? En réalité, nous aurions rapidement cherché un chargeur dès le premier signal, voire pour beaucoup d'entre nous, bien avant qu'il ne s'affiche, afin de pouvoir continuer à s'en servir avant que la batterie ne meure.

Il en va de même pour vous ! Un message d'alerte ne s'ignore pas, une émotion difficile non plus. Chacun a son importance, et surtout son utilité. Ne vous laissez pas tomber en panne...

Deuxième étape : apprendre ce que signifie vraiment d'écouter l'autre

Ne pas être entendu est une souffrance. Cela nous fait nous sentir seuls, alors même que nous sommes entourés, parfois de nombreuses personnes. Cela a été très fréquemment abordé dans les discussions que j'ai pu avoir avec tous ceux qui ont accepté de me raconter leur histoire ces dernières années. Sauf que nous sommes souvent très maladroits dans notre propre écoute de l'autre et que le meilleur moyen pour qu'un de nos proches s'intéresse réellement à ce que nous traversons, à nos interrogations, nos doutes, nos peurs, c'est de nous intéresser sincèrement à lui en retour.

Écouter, c'est être capable de suspendre ses pensées, de se concentrer uniquement sur le récit de l'autre, sur ses intonations, sur ses mouvements, ses gestes. C'est faire l'effort de ne pas l'interrompre, de le laisser aller jusqu'au bout de sa pensée, même quand elle est un reproche envers nous, ou qu'elle nous est simplement désagréable. Donner le temps à la personne avec qui nous échangeons de terminer sa critique ne signifie pas reconnaître nos torts mais respecter ce qu'elle tente de nous dire et les souffrances qui peuvent se cacher derrière cette remarque.

A contrario, beaucoup de choses ne sont pas « écouter »

Essayer de résoudre le problème dont votre proche vous parle, s'il ne vous a pas demandé votre avis et veut juste partager ce qui lui est arrivé avec vous, est un très bon exemple. Aurélie, qui s'occupe de sa maman depuis quelques années, m'a confié avoir pris conscience que ce point particulier était un de ses gros défauts. Elle a du mal à simplement prêter une oreille attentive au récit que sa mère, son conjoint ou même ses amis lui font, alors qu'elle pense déjà à mille solutions. Et dans la majorité des cas son interlocuteur se sent frustré, car il attendait son attention pleine et entière, et non qu'elle commence déjà, au milieu de la conversation, à réfléchir à ce qu'il pourrait tenter pour se sortir de ce mauvais pas. Si vous avez tendance à faire la même chose, essayez d'y penser la prochaine fois que le cas se présentera...

De même, interrompre l'autre, finir sa phrase avant lui, ou encore répondre en partageant son expérience personnelle sur le sujet ne sont pas « écouter ». Si, lorsque votre mère vous dit qu'elle se sent fatiguée en ce moment, vous lui répondez, « oh oui, moi aussi, surtout avec le boulot » et que vous parlez de vous ensuite, vous ne tenez aucun compte de ce qu'elle ressent et avec le temps le risque est qu'elle partage moins ce qui lui arrive, car elle ne se sentira pas considérée. Alors que là encore, vous aurez sûrement eu l'impression d'aider et d'avoir été disponible pour elle. Je n'ai jamais oublié cet échange lunaire auquel j'ai assisté il y a une dizaine d'années, entre deux hommes... Alors que l'un annonçait qu'on lui avait diagnostiqué un cancer et évoquait la douleur engendrée par le traitement, l'autre, avec un air concerné, lui répondit : « Ah je comprends, moi aussi, en ce moment j'ai mal au genou. » Ce dernier était persuadé d'avoir soutenu son ami en partageant son expérience. Sans pousser jusqu'à des cas aussi extrêmes que celui-ci, qui je l'espère sont rares, il est important de garder en tête qu'écouter l'autre n'est pas parler de soi (sauf si bien sûr on vous le demande !).

Agir comme cela est le meilleur moyen que vos conversations finissent soit en frustrant l'un des deux participants (ou les deux, d'ailleurs), soit en dispute franche.

Dans l'ouvrage *The Lost Art of Listening*[2], Michael Nichols et Martha Straus proposent un quiz pour déterminer si vous savez vraiment, ou non, écouter les autres. Parmi les vingt-cinq questions présentées, j'ai choisi de vous faire part des quatre suivantes. Pour chaque question, indiquez à quelle fréquence il vous arrive de vous sentir ainsi : jamais, rarement, quelques fois, assez souvent, presque toujours (0 = jamais ; 4 = presque toujours). Prenez un peu de temps pour réfléchir avant d'y répondre.

À quelle fréquence, lorsque quelqu'un vous parle :
- pensez-vous en même temps à ce que vous allez répondre ? 0 1 2 3 4
- interrompez-vous votre interlocuteur ? 0 1 2 3 4
- donnez-vous des conseils avant qu'on vous le demande ? 0 1 2 3 4
- partagez-vous vos expériences similaires au lieu de demander à l'autre d'en dire plus sur ce qui lui arrive ? 0 1 2 3 4

Leur conseil, auquel je souscris entièrement, si vous vous comportez souvent comme cela, est de prendre une par une ces habitudes et de travailler sur chacune d'entre elles, en essayant d'en améliorer une à la fois.

J'ai bien conscience que cela peut être un peu dur à entendre, surtout lorsque nos actions partent de bonnes intentions. Il n'est jamais simple de se rendre compte que ce que nous pensions bien faire puisse en réalité ne pas avoir le résultat escompté, voire avoir l'effet opposé. Il est possible que vos proches ne vous l'aient jamais fait remarquer, mais que vous vous soyez reconnu dans ces quelques lignes. Je vous conseille dans ce cas d'en discuter honnêtement avec eux !

Peut-être que tout ce que je viens de vous dire vous semble logique et évident. J'en suis très heureuse si c'est le cas, mais je sais que c'est loin de l'être pour tout le monde. Pourtant, apprendre à écouter nos proches peut avoir un impact énorme sur notre quotidien à tous.

Troisième étape : intégrer les bases de la communication non violente (CNV)

Que peut-il bien se cacher derrière ce terme, surprenant, je le concède, voire « bien-pensant » ?

C'est son créateur, le psychologue Marshall B. Rosenberg, qui en parle le mieux, dans son ouvrage phare *« Les mots sont des fenêtres (ou bien ce sont des murs)*[3] ». Je lui laisse donc la parole quelques instants :

« J'ai été frappé par le rôle déterminant du langage et de l'usage que l'on fait des mots. J'ai depuis lors défini un mode de communication – d'expression et d'écoute – qui favorise l'élan du cœur et nous relie à nous-même et aux autres, en laissant libre cours à notre bienveillance naturelle. C'est ce que j'appelle la communication non violente, et que l'on retrouve parfois sous le nom de "communication créative" ou de "communication empathique". [...] Car bien que nous puissions avoir l'impression que notre façon de parler n'a rien de "violent", il arrive souvent que nos paroles soient source de souffrance pour autrui ou pour nous-mêmes. [...] La CNV nous engage à reconsidérer la façon dont nous nous exprimons et dont nous entendons l'autre. Elle aiguise notre sens de l'observation et nous incite à identifier les comportements et situations qui nous touchent. Nous apprenons à définir et à formuler clairement ce que nous souhaitons dans une situation donnée. Pour élémentaire qu'elle paraisse, cette démarche est un puissant moyen de transformation[4]. »

La CNV est avant tout basée sur quatre grands piliers. Je vais les illustrer en m'appuyant sur l'histoire de Laura, une jeune femme avec qui j'ai eu la chance de pouvoir échanger, et qui s'occupe de sa maman avec sa sœur Mélanie. Je vais plus particulièrement revenir sur une dispute entre elles. Il ne s'agit absolument pas de juger les comportements de l'une ou l'autre, mais plutôt de comprendre les mécanismes qui mènent à ces tensions.

Dans ce cas précis, afin de vous donner quelques éléments de contexte, Laura et Mélanie se relaient auprès de leur mère, veuve depuis quelques années, dont la dépendance grandissante accroît l'isolement et la déprime.

Premier pilier : l'observation

Nous avons tendance à émettre des jugements sur les autres et leurs actions, plutôt que de constater des faits. Nous avons été conditionnés[5], culturellement, à utiliser des concepts comme « bon, mauvais, normal, anormal... » plutôt que de décrire ce qui se passe. L'observation pure et simple passe ainsi souvent à la trappe.

Dans notre exemple, la dispute commence lorsque Laura s'énerve et dit à sa sœur qu'elle est fainéante. Elle porte ici une appréciation, donne une opinion sur le comportement de Mélanie. C'est le meilleur moyen d'obtenir en retour une réaction défensive ou agressive, au lieu de convaincre du changement qu'on juge nécessaire. En l'occurrence, le fait caché derrière cet énervement était que sa sœur n'avait pas fait les courses une fois pour leur mère cette semaine-là, et que cette charge était donc retombée sur Laura.

L'idée de ce premier point est donc de réussir à éviter les opinions pour exprimer des faits précis.

Deuxième pilier : exprimer ses sentiments

Pour être capable d'exprimer ses sentiments, il faut être conscient de ce que nous ressentons. Frustré ? En colère ? Triste ? Abandonné ? Heureux ? Plein d'espoir ? Une fois que nous l'avons compris, il est temps de le dire !

Au moment où Laura a traité sa sœur de fainéante, elle se sentait en réalité tout à la fois triste que Mélanie ne s'investisse pas plus pour leur mère (à ses yeux), et frustrée et coupable de ne pas pouvoir passer plus de temps avec ses enfants encore une fois, alors qu'elle leur avait promis de rentrer tôt ce soir-là.

Mais Mélanie ne l'a pas su.

Troisième pilier : exprimer ses besoins

Cette étape est souvent plus complexe, non pas à comprendre de manière intellectuelle, mais à intégrer dans notre for intérieur car elle est perçue au premier abord, dans notre société actuelle, comme égoïste. Et pourtant, elle est loin de l'être. Car l'origine de nos sentiments au quotidien est toujours due à nos besoins, à leur satisfaction ou non, et pas au comportement des autres.

Quand j'ai lu cette phrase pour la première fois, j'ai bondi de ma chaise. Cela me paraissait choquant, et immédiatement différentes actions réalisées par d'autres ces derniers jours et qui m'avaient négativement impactée me sont revenues en mémoire. Non, ils étaient bien responsables de ce que j'avais ressenti !

Et puis, j'ai réécouté une des conférences de Marshall B. Rosenberg[6]. Encore et encore. Et j'ai fini par comprendre où il voulait en venir. Son analyse consiste à dire que nous avons tous des besoins, physiologiques (manger, dormir...) et psychologiques, dont on ne doit pas être honteux. Et que lorsque le comportement d'un autre ne répond pas à notre besoin, alors nous éprouvons certaines émotions et difficultés.

Si nous reprenons l'exemple de Laura, elle s'est sentie triste car elle avait besoin de soutien et qu'elle n'en a pas trouvé auprès de sa sœur, mais également frustrée car elle avait voulu du temps en famille, qu'elle n'a pas pu obtenir.

Je pense que vous commencez à voir où je veux en venir.

Quatrième et dernier pilier : formuler une demande

Il s'agit de dire clairement à l'autre de quelle manière il peut répondre à notre besoin et, pour cela, d'être précis dans la façon dont nous nous exprimons. Il vaut par exemple mieux formuler des demandes positives (« j'aimerais que tu fasses les courses pour maman ce soir ») plutôt que négatives (« je ne veux pas que tu me laisses seule à gérer les courses »). Cela laisse beaucoup moins de place à l'imagination...

Si nous reprenons les quatre piliers et les appliquons à la situation des deux sœurs, il est assez évident que la première version (« tu es franchement fainéante, tu ne fais même plus les courses pour maman ») comporte nettement plus de risques de dispute et d'incompréhension que la seconde : « Tu n'as pas fait les courses pour maman depuis deux semaines, et il y a encore besoin d'un réassort aujourd'hui... Pour être honnête, je me sens assez triste parce que ton soutien est important pour moi et j'aimerais passer un peu plus de temps avec mes enfants. Accepterais-tu d'aller au supermarché à ma place afin que je rentre plus tôt pour être avec eux ? »

Cela donnera plus facilement l'occasion à Mélanie, non seulement de comprendre sa sœur, mais également de lui raconter ses soucis au travail, ce gros dossier dont la *deadline* est dans quelques jours et qui l'angoisse énormément, ce qui a effectivement causé sa mise en retrait ces derniers temps.

J'ai utilisé leur exemple, car je l'ai trouvé parlant, commun, mais aussi parce que les deux sœurs ont fini par avoir une conversation à cœur ouvert, et qu'aujourd'hui les choses sont plus simples entre elles. Elles n'ont sûrement pas appliqué la méthode à la lettre, et encore une fois ce n'est pas le but, mais elles ont compris l'importance de ne pas juger hâtivement, de partager ce qu'elles ressentaient et de formuler ce dont elles auraient en réalité besoin pour améliorer un point précis.

Cette méthode en trois étapes est utile dans tous les aspects du quotidien de quelqu'un qui a fait le choix d'être aux côtés de ses parents.

Elle peut bien entendu être appliquée lors des conversations que vous aurez avec votre famille, à la fois quand vous chercherez à anticiper et à aborder les sujets plus difficiles, mais également quand vous échangerez avec vos frères, sœurs, cousins... sur les responsabilités de chacun, la répartition des tâches, etc. Parler sans jugement, écouter sincèrement, partager ses sentiments et ses besoins, faire des demandes précises vous aidera à avoir des conversations plus sincères, et vous pourriez être surpris par certaines réactions !

Cela servira également à écouter et à vous exprimer plus clairement face à des professionnels de santé, du médico-social, de l'administration… La formulation dans ces cas est particulièrement cruciale, tout comme l'est le fait d'écouter réellement ce que dit votre interlocuteur.

C'est enfin une bonne méthode lorsque votre proche, avec l'âge, se renferme, voire devient parfois agressif. Après de longues années de confrontations fréquentes avec sa maman devenue assez coléreuse, Francine a par exemple décidé de changer d'approche. Elle l'analyse bien : « J'ai arrêté de me braquer contre elle, au départ je me fâchais beaucoup. Là, je ne la contredis plus. J'écoute. Et du coup les rapports sont plus calmes, plus sereins. J'essaye de lui faire accepter les choses différemment. C'est une nouvelle forme de relation. Quand on est doux avec elle, elle est calme et bien. » Cela a demandé beaucoup d'efforts à Francine de prendre du recul sur leur relation et la façon dont elles communiquaient, mais ils en valaient la peine, et mère et fille vivent aujourd'hui bien mieux la situation.

Car c'est le plus important ici : travailler sur notre vision de l'autre, sur la façon dont nous parlons, sur le partage d'émotions et d'informations permet non seulement de renforcer nos relations avec nos parents et nos proches, mais également d'être plus au fait de ce que nous ressentons et de tirer bien plus de plaisir de ce quotidien à leurs côtés.

Quelques astuces pour préparer une conversation complexe

Au-delà des conversations habituelles, des thèmes particuliers doivent être abordés avec vos parents mais également avec votre entourage au sens large, c'est-à-dire tous ceux qui participent ou participeront à l'accompagnement dans le futur : frères, sœurs, cousins, oncles, tantes, parfois même amis ou voisins...

Il est possible que certains des sujets à traiter ou de vos interlocuteurs vous angoissent plus que d'autres. C'est parfaitement compréhensible. Préparer à l'avance ces moments vous permettra d'être plus à l'aise et de mieux gérer ces discussions.

Diviser pour - parfois - mieux converser

Tout d'abord, il n'est pas obligatoire de discuter avec tout le monde en une fois, même si vous êtes tous concernés par la question. Cela peut se faire en plusieurs étapes, et vous n'êtes pas obligé de mener certaines discussions seul ! Il est tout à fait envisageable de partager vos questions et vos interrogations avec une ou deux personnes, puis d'agrandir le cercle... Vous pourrez ainsi vous appuyer les uns sur les autres, ou même demander de l'aide si vous ne vous sentez pas capable de parler seul à quelqu'un. En fonction de vos relations avec vos parents et plus largement avec votre famille, certains d'entre vous auront besoin de commencer par échanger avec l'un ou l'autre. Cela n'a pas vraiment d'importance. De même, vous seul connaissez la personnalité des personnes concernées et savez s'il vaut mieux vous entretenir séparément avec chacun ou mettre tout le monde autour d'une table. Faites-vous confiance en gardant en tête le bien-être de chaque participant - vous inclus !

Dans tous les cas, il est nécessaire d'accorder de l'importance à l'organisation de ce moment.

Un cadre adapté à tous

Ne raisonnez pas en termes de ce qui est le plus simple ou le plus pratique, mais plutôt en fonction de ce qui mettra les participants le plus à l'aise. Prévoyez du temps, un endroit calme (idéalement sans distraction ni possibilité pour des personnes extérieures de vous écouter). Il est toujours plus difficile de débattre du maintien à domicile de ses parents lorsque l'on est régulièrement interrompu par un serveur au restaurant, ou que des collègues de travail sont - quelle chance ! - en train de déjeuner à la table voisine. Choisissez également un moment où aucun de vous n'est accaparé mentalement par des problèmes complexes qui pourraient l'empêcher de participer pleinement à la conversation.

En cas de crainte d'un conflit

Si vous pensez que la conversation risque d'évoluer en dispute, ou que votre relation avec votre interlocuteur est déjà tendue, la préparation de ce moment d'échange est d'autant plus importante. Que craignez-vous d'entendre ? Qu'est-ce que cette parole déclencherait chez vous comme réaction ? Colère ? Insécurité ? Envie d'abandonner ? Envie de crier ?

N'oubliez pas que vous avez le choix de la façon dont vous allez réagir. Qu'est-ce qui provoque cette réaction chez vous ? En étudiant vos appréhensions et en comprenant les mécanismes à l'œuvre derrière votre attitude, vous aborderez la conversation de manière beaucoup plus tranquille.

Pour vous rassurer, vous pouvez éventuellement envisager les phrases que vous redoutez et les réponses que vous pourriez apporter.

Gardez en tête qu'il faut être deux pour jouer au ping-pong. (La métaphore est simple mais très vraie). Si l'un des deux joueurs décide d'arrêter, la partie est finie. En modifiant le comportement d'un des participants, vous pouvez faire changer l'autre. Simplement, vous n'êtes pas des adversaires. Vous êtes une famille. Avec toutes les complications qui peuvent survenir, certes, mais vous n'êtes pas des opposants. Votre but est le même. Et cela fait toute la différence.

Anticiper le futur

Dans de nombreuses familles, parler de la mort, de la vieillesse, de la maladie, et de toutes les questions qui les entourent est compliqué. Interdit complet ou simple malaise, les degrés d'inconfort diffèrent, mais le fond reste le même. Fanny l'explique bien : alors que dans la famille de son mari ces sujets sont facilement évoqués, avec des consignes transmises de manière claire et transparente, pour ses propres parents ils sont « complètement tabous ». C'est pourquoi, comme dans d'innombrables foyers, ils ont été passés sous silence.

Sauf que si il est, sur le moment, plus facile d'esquiver ces conversations, surtout lorsque l'on sent l'autre se fermer, ce n'est pas sans risques. Le premier d'entre eux est de se retrouver soudainement face à une situation d'urgence, qui nécessite une prise de décision rapide et complexe, sans information précise sur les possibilités qui s'offrent à vous, les personnes sur qui vous pouvez compter, ni même les volontés de votre proche. Vous devrez alors, en même temps que vous ferez face à la sidération, au choc de la nouvelle, rassembler au mieux toutes les données que vous avez sous la main et faire avec. Et croyez-moi, l'urgence n'est ni votre amie ni celle de vos parents.

Lorsque l'état de santé de Robert, 87 ans, s'est brutalement dégradé à la suite de problèmes cardiaques, il est devenu évident que sa petite maison, sur plusieurs étages, n'était plus adaptée. En forme et indépendant jusqu'ici, ni lui ni ses deux filles n'avaient osé ou jugé utile d'aborder la question. Elles durent en quelques jours tenter de collecter à droite et à gauche un maximum de renseignements concernant les aides financières, les possibilités d'aménagement – ou non – du domicile de leur père, la durée et le coût des travaux nécessaires, jusqu'aux maisons de retraite les plus proches... Le tout, bien entendu, en jonglant avec enfants, conjoint, travail. Mission quasi impossible. Il fut décidé que dans l'immédiat, Joëlle, son aînée, accueillerait Robert à son domicile grâce à un lit médicalisé, le temps de lui trouver un appartement plus adapté à ses nouveaux besoins et de vendre sa maison.

Ces situations arrivent tous les jours. Elles débouchent dans certains cas sur des compromis bancals, des adaptations temporaires, des quotidiens bousculés, dans d'autres sur des entrées en institution non souhaitées mais qui se révèlent dans l'urgence être l'unique possibilité.

Bien trop souvent, le manque d'anticipation coûte cher. Financièrement, moralement, physiquement. Ce risque vaut-il vraiment la peine d'être couru ?

Lorsque je lui ai demandé quel conseil elle donnerait à ceux qui commencent tout juste à accompagner leurs parents, ou qui souhaitent y réfléchir, Danièle, qui prend soin de sa maman depuis de très longues années, a été particulièrement claire. Elle m'a affirmé : « C'est surtout ça qu'il faut dire, même à ceux dont les parents sont encore bien portants : parlez, partagez tout, même si ça n'est pas facile sur le moment. Moi, j'aurais eu besoin de tout savoir, de A à Z. Il faut tout écrire, tout dire, tout expliquer. »

Car pour anticiper il faut commencer par parler. Je sais que ces conversations ne sont pas simples à mener, ni même à démarrer. Qu'elles rendent les hypothèses beaucoup plus réelles. Que vous pouvez parfois avoir l'impression de vous heurter à un mur. Communiquer sur ces sujets difficiles nécessite d'être ouvert à toutes les possibilités et prêt à écouter sans juger. Vous pourrez d'ailleurs être surpris de la réaction que vous obtiendrez.
Dans tous les cas, pour vous comme pour votre proche et votre famille, réussir à discuter de manière honnête et à cœur ouvert de l'avenir vous permettra de l'anticiper paisiblement et de gérer les imprévus de façon bien plus efficace et calme.

Alors, on parle !

Oui, mais de quoi ? De ces sujets qui vous mettent mal à l'aise, voire vous font peur.

Ceux qui, vous le savez, risquent de terminer en dispute ; ceux que vos parents, frères, sœurs, ne veulent pas toujours aborder : l'arrêt éventuel de la conduite, un possible déménagement, les décisions entourant la fin de vie...

Vous savez peut-être déjà ce qui pourrait rendre ces discussions plus complexes. Fanny avait par exemple compris que le fait que son père ait perdu son petit frère à un jeune âge rendait difficile pour lui de parler de mort et de maladie. Francine, elle, voyait bien que sa maman refusait d'accepter de ne plus pouvoir réaliser certaines choses, et que ce déni était la source de son agressivité et de son repli sur elle-même.

Comprendre ces raisons vous aidera peut-être à saisir ce qui peut se cacher derrière les réponses que vous pourriez recevoir.

La tentation est souvent forte, en particulier sur ces sujets émotionnellement difficiles, de commencer par poser toutes vos questions. Et pourtant, s'il y a bien un moment pour inverser son approche, c'est celui-là. Écoutez. Autant que nécessaire. Ne vous attendez pas à forcément obtenir une réponse claire immédiatement. Peut-être entendrez-vous dans un premier temps des anecdotes. Peut-être votre parent sera-t-il d'abord agressif envers vous. Prenez votre temps pour réagir, vous aussi. Efforcez-vous de ne pas exprimer de jugement. Dans les cas les plus complexes, où les comportements sont dictés par des traumatismes, il faudra même sûrement du temps à votre parent pour réfléchir à votre demande. Et par là j'entends des heures, voire des jours ou des semaines. Et ce n'est pas grave. Brusquer l'autre est le meilleur moyen de l'éloigner encore plus des réponses que vous aimeriez obtenir.

Ces sujets ne sont pas des cases à cocher sur une liste. Ils touchent à ce que nous avons de plus intime. Et d'un côté comme de l'autre, il faudra parfois de la patience pour les traiter avec toute la profondeur qu'ils méritent.

La conduite automobile : stop ou encore ?

Cette question met souvent très mal à l'aise les enfants comme les parents. Il faut dire que, plus qu'un simple moyen de transport, la voiture représente une des clés les plus évidentes de l'indépendance. Ne plus pouvoir y avoir recours aura donc des conséquences sérieuses sur le quotidien de votre proche, mais également sur le vôtre si vous résidez près de lui. Et pourtant, nous le savons tous, conduire requiert une concentration importante, des réflexes rapides, et plus généralement une vraie aptitude physique et mentale. Quand ces critères viennent à manquer, le danger est bien réel, pour le conducteur, les passagers mais également les passants et les autres véhicules.

Petite précision, qui me semble importante : même si seul l'un de vos parents conduit, tous les membres du foyer doivent si possible être associés à cette conversation. En effet le conjoint peut avoir tendance à pousser au maintien de la conduite, car cela impacte également sa propre autonomie[7]. Il est ainsi crucial que la discussion et les décisions qui en découleront soient partagées et approuvées par tous.

L'idéal est donc que la première conversation ait lieu avant qu'il n'y ait le moindre problème, en général entre 60 et 70 ans. Même si le sujet leur paraît loin, cela vous permettra justement de dédramatiser la situation. Vous savez bien qu'il n'en est pas question pour l'instant ! Mais vous aimeriez prendre le temps, tous ensemble, de réfléchir à l'avance à certains points qui vous semblent importants, afin qu'en cas de souci tout soit prêt. Il est beaucoup plus facile d'identifier des signes objectifs lorsque l'on ne se sent encore absolument pas concerné par le problème que lorsque l'on commence justement à s'interroger sur ses propres capacités... Le but ici est de débattre des critères qui devraient provoquer une réévaluation de la situation, afin de ne pas avoir, ni d'un côté ni de l'autre, de mauvaise surprise ou de dispute si ce jour arrive. À 65 ans, l'idée d'avoir trop mal au cou pour tourner la tête paraît être un point d'alerte évident. À 75 ans, quand la nuque devient plus régulièrement raide et douloureuse, cette donnée peut être subtilement (ou non) mise de côté.

En montrant ainsi à vos parents l'importance que vous donnez à leur avis, vous évitez de les infantiliser - ce qui n'est jamais une bonne idée, mais arrive parfois par maladresse. Au contraire, en valorisant leur point de vue, vous améliorez vos chances d'être entendu.

Demandez à chacun son opinion, de manière générale :

- Quels problèmes de santé pourraient nécessiter de réfléchir à l'interruption de la conduite ? Des douleurs dans les articulations rendant compliqués l'appui sur

les pédales, le passage de vitesse ou la torsion du cou pour faire un créneau ? La baisse de la vue ou de l'audition ? La diminution des réflexes ? La prescription de médicaments qui rendent somnolent ?
- Le code de la route ayant bien évolué depuis quarante ans, quelle est sa position sur les remises à niveau qui peuvent être proposées ?

Ce qui compte, c'est de réussir à établir une liste personnelle des critères (physiques ou non) qui, s'ils sont remarqués par l'un de vous, devront mener à une évaluation. Et de décider ensuite par avance laquelle. Le plus simple est dans ce cas de proposer une consultation chez le médecin traitant ou chez un médecin expert, en votre présence si votre parent l'accepte. L'examen sera impartial et permettra souvent de discuter d'adaptations à mettre en place. Vous pouvez d'ailleurs, si vous le souhaitez tous, également consulter au moment de l'établissement des critères, afin d'avoir une vision aussi exhaustive que possible et surtout adaptée à l'état de santé. Certaines pathologies empêchent par exemple la délivrance ou le renouvellement du permis de conduire, certains médicaments rendent la conduite dangereuse. Il semble pertinent d'ajouter leur survenue ou prescription à la liste...

En fonction des résultats, des adaptations pourront ainsi être proposées :
- aménager le véhicule (hauteur du siège, ajout de miroirs...) ou bien le changer pour passer d'une boîte de vitesses manuelle à une automatique ;

- remettre à jour la correction des lunettes, ajouter un appareil auditif...

Outre ces modifications, d'autres possibilités existent, dans les domaines réglementaire et pratique :
- participer à un stage d'un ou deux jours de remise à niveau adapté aux seniors ;
- reprendre quelques heures de conduite pour travailler sur les points importants et les évolutions du code de la route.

Il y a de nombreuses possibilités avant l'arrêt complet de la conduite. En être conscient à l'avance permet d'éviter les petits mensonges et cachotteries qui surviennent souvent par crainte de se voir confisquer son permis.

Dans la grande majorité des cas, tout se passera bien ! Simon et Édith, respectivement âgés de 82 et 76 ans, ont par exemple échangé assez tôt avec leurs deux enfants sur le sujet. Tous deux sont aujourd'hui encore en pleine forme, aucun des drapeaux rouges qui avaient été évoqués ensemble ne s'est pour l'heure présenté. Mais conscients de l'importance de la sécurité sur la route, ils consultent chaque année leur médecin afin de vérifier que rien ne devrait leur faire reconsidérer la conduite.

Passons maintenant au cas où il n'est plus possible d'anticiper, quand vous considérez que votre parent devrait arrêter de conduire dès maintenant, ou du moins rapidement.

Il y a plusieurs questions à se poser dans cette situation :

- Sur quels critères vous basez-vous pour faire ce constat ? Est-ce lié à l'âge seul, ou avez-vous remarqué des éléments concrets qui vous poussent à vous inquiéter ?
- Votre proche a-t-il conscience de ses difficultés ?
- Y a-t-il un danger immédiat qui nécessite une action très rapide ?

L'âge n'est pas une raison suffisante pour arrêter de conduire. Ce sont les complications qui peuvent l'accompagner qui posent des problèmes.

Le but n'est absolument pas de culpabiliser votre parent, ou de lui faire peur. Il s'agit seulement d'être préparé correctement, et prêt à échanger, entre adultes, avec des arguments concrets. Car il va falloir vous armer non seulement de faits, mais également de solutions concrètes. Vous le savez, l'arrêt de la conduite va avoir un impact sur son quotidien et il faudra autant que possible avoir préparé des propositions pour répondre à ses inquiétudes.

Évitez au maximum de commencer par une confrontation directe comme « il faut que tu arrêtes de conduire ». Même bien exprimé, cela n'a que très peu de chances de fonctionner, car cela ressemble plutôt à un ordre.

Contournez cette difficulté en valorisant l'opinion de votre parent. J'insiste, mais inclure son proche dans les décisions n'est pas suffisant si l'objectif est d'avoir le dernier mot de manière unilatérale.

Dites-lui que vous aimeriez comprendre ce que vous pouvez améliorer ensemble, car vous constatez par exemple que tourner la tête pour se garer correctement semble plus difficile pour lui (un fait, pas un jugement). Et surtout, écoutez bien ses réponses jusqu'au bout... Entendez les craintes qui se cachent derrière les refus d'arrêt de la conduite. Pour certaines personnes âgées, le permis représente un Graal, la participation à la vie active. Y renoncer est une vraie souffrance. Pour d'autres, c'est la perspective de la perte d'autonomie que cela pourrait engendrer qui est terrifiante. Ce sont à ces angoisses que vous devrez répondre pour réussir à le convaincre. Faites ensemble le tour des obstacles physiques que vous constatez, des difficultés techniques qu'il peut rencontrer.

Proposez à votre parent de consulter avec lui son médecin traitant, voire (selon le degré de sévérité et de réticence) directement un spécialiste. Parfois, une tierce personne « experte » apportera un poids non négligeable à l'argumentation.

C'est la situation à laquelle a dû faire face Jean, dont le père, Roland, 93 ans, conduisait encore régulièrement, au grand désespoir de son fils. Le vieil homme, presque entièrement sourd, voyait mal. Il s'était fait opérer d'une cataracte sévère, mais uniquement d'un œil (car selon lui, « un œil, c'est suffisant pour voir »). Pour lui, prendre la voiture chaque semaine n'était pas dangereux, car il ne roulait que quelques kilomètres pour aller faire ses courses dans la petite ville voisine, et surtout il conduisait doucement. Après de multiples disputes, Jean ne savait toujours pas par quel bout prendre le problème. À force de persuasion, il finit par convaincre son père d'aller en discuter avec son médecin traitant, qui se positionna en défaveur de la conduite. Mais il n'était encore qu'à moitié convaincu. Ils consultèrent donc ensemble un médecin agréé qui confirma l'opinion de son confrère, et Roland reposa enfin ses clés, au grand soulagement de Jean.

Si l'état de votre proche se dégrade rapidement, qu'une mesure de protection judiciaire n'est pas mise en place (tutelle ou autre) et qu'il continue à vous opposer un refus clair, il existe une dernière possibilité. Je l'évoque, mais c'est une méthode drastique qui ne doit être utilisée à mes yeux qu'en dernier recours, car elle risque de briser la communication entre vous. Néanmoins, dans certains cas, la protection de votre parent devient la priorité absolue. De la même manière qu'on ne laisse pas conduire un proche en état d'ébriété, certaines situations requièrent une réaction immédiate. Si vous considérez que votre parent est un danger pour lui-même ou pour les autres en prenant le volant, vous pouvez effectuer un signalement auprès de la police, de la gendarmerie, ou directement auprès du préfet. Cela devrait déboucher sur un contrôle médical de l'aptitude à conduire, et sur l'avis d'une commission qui pourra suspendre ou annuler le permis. Bien entendu, avec tact et mesure, si vous devez déployer de tels moyens, ne laissez pas votre parent prendre la route.

Je vous souhaite cependant de ne pas avoir à en arriver là.

**Aménagement ou déménagement :
où vivre en vieillissant ?**

Vous l'avez compris, la question de l'arrêt de la conduite amène très rapidement à réfléchir à celle du domicile. Il est beaucoup plus facile de garder une certaine indépendance dans un centre-ville bien équipé, et en vivant dans un appartement de plain-pied, que dans une grande maison au fond d'un village de campagne.

Le lieu où nos parents vivront leur âge d'argent est éminemment personnel, et donc souvent complexe à aborder. Peut-être n'êtes-vous d'ailleurs même pas en accord avec vos frères et sœurs sur le sujet.

Il est tout d'abord essentiel de garder en tête que cette question peut se traiter en plusieurs étapes. C'est le gros avantage de l'anticipation : s'y prendre à l'avance évite les choix binaires. Un déménagement peut suivre ou précéder un aménagement, puis encore un autre.

L'important est de comprendre en premier lieu la réelle volonté de vos parents. Régulièrement quand j'échange avec des familles, la question a été plus ou moins abordée. Mais, avec un regard extérieur, je me rends compte que c'est souvent plutôt moins que plus. Nous pensons savoir ce que nos parents pensent. Nous avons entendu des phrases du type « plutôt crever que d'aller en maison de retraite » ou à l'inverse « un jour, je serai tranquille en EHPAD, au moins on s'occupera de moi ». Sauf que s'arrêter à ces petites phrases superficielles risque de nous faire passer à côté des intentions réelles de nos parents.

J'ai débattu à ce propos avec Jean, 75 ans, sportif et très en forme, tout comme son épouse, qui avait lui-même formulé devant ses enfants le fameux « plutôt crever que l'EHPAD ». Lors des premières minutes de la conversation, il était clair que son intention était de rester à domicile avec sa femme, avec de l'aide professionnelle si besoin. Et si je m'étais arrêtée là, j'aurais complètement raté le fond du message, qui est arrivé bien après. Jean ne voulait surtout pas dépendre de ses enfants, leur imposer cette charge. Et donc lorsque j'évoquai la possibilité d'une maladie ou de séquelles, par exemple d'un AVC, son discours changea complètement. Il était en réalité parfaitement ouvert à l'idée d'un hébergement collectif et médicalisé si la situation le nécessitait. C'est pour ça qu'il est vraiment important que cette discussion aille plus loin que des suppositions tirées de phrases lancées au détour d'un repas.

Une fois l'orientation donnée, il est plus simple de réfléchir ensemble à la suite de manière concrète. Peut-être ne partagerez-vous pas la même envie que vos parents. Rappelez-vous que tant qu'il n'y a pas de danger, ce choix concerne leur vie avant tout...

Si l'avenir les oriente vers une maison de retraite, alors il est fondamental de discuter des critères indispensables que doit posséder l'établissement, à leurs yeux comme aux vôtres. Cela vous permettra de visiter ensemble plusieurs d'entre eux, de prendre le temps de comparer, de peser les pour et les contre, de rencontrer et d'échanger avec les équipes en place mais également avec des familles et parfois même des résidents. Préparez ensemble vos questions, et n'hésitez pas à voir plus loin que les premières années ! Comment se passe la prise en charge de personnes très dépendantes, par exemple ?
Toutes vos interrogations sont légitimes, alors ne vous retenez pas !

Si, au contraire, le choix s'oriente vers le maintien à domicile, d'autres points sont à prendre en compte :
- Vos parents vivent-ils ensemble ou du moins avec un conjoint ? Ou à l'inverse parlons-nous d'une personne âgée vivant seule ?
- Où se trouve le domicile ? Au fond de la campagne ou dans une ville ?
- À quelle distance de vous, ou d'une personne de confiance ?
- À quel point l'usage de la voiture leur est-il nécessaire chaque jour ?
- Y a-t-il des marches à franchir quotidiennement ou tout est-il de plain-pied ?
- Y a-t-il, le cas échéant, un ascenseur ?

Avec ces informations, proposez de prendre le temps de faire le tour de la maison ou de l'appartement ensemble tout d'abord, afin d'identifier les possibles obstacles. Ceux que vous imaginez ne sont pas forcément ceux qui posent le plus problème au quotidien. Un des risques les plus importants concerne les chutes. Une partie y sera consacrée quelques pages plus loin, et complétera la question de l'aménagement.

Vous pouvez proposer de faire intervenir un professionnel (comme un ergothérapeute, à la profession méconnue mais ô combien essentielle) pour approfondir votre analyse commune si vous le jugez nécessaire, et proposer des aménagements concrets. Vous vous servirez de ses constats pour décider de la suite.

Le choix peut également s'orienter vers un déménagement. Et celui-ci peut prendre plusieurs formes. Simple changement de domicile, différente localisation, voire projet à plusieurs !

Dans tous les cas, il est primordial d'être honnête les uns avec les autres, et surtout d'évaluer précisément toutes les hypothèses et leurs conséquences. Il est beaucoup plus facile de construire une nouvelle direction de vie quand on n'ignore pas les difficultés qui pourraient apparaître mais qu'on les étudie au contraire sérieusement, en y apportant des réponses.

C'est ce qu'ont fait Nadine, son mari et sa mère, alors récemment veuve. Anticipant l'avenir et le fait que, chaque jour, cette dernière aurait un peu plus besoin de l'aide du couple, ils ont, ensemble, envisagé d'acheter une maison à trois, avec deux parties distinctes dans laquelle vivraient d'un côté la famille et ses futurs enfants, de l'autre la maman.

Tous trois ont su, à partir d'une belle idée, évaluer les obstacles possibles, exprimer clairement leurs besoins et craintes (perte d'intimité, de devenir complètement dépendant...), et surtout prendre au sérieux les scénarios les plus complexes et y apporter une solution. Que se passerait-il en effet si, par exemple, le couple venait un jour à se séparer ? Ou si un beau-père entrait dans l'histoire ? C'est sur la base de ces informations honnêtes et complètes que le projet s'est mis en place sur plusieurs années, et qu'il fonctionne très bien depuis dix ans maintenant.

Et les possibilités ne s'arrêtent pas là. Pour contrer la solitude, parfois envahissante, la colocation, qu'elle soit avec une autre personne âgée ou avec un étudiant, s'envisage très bien. De plus en plus d'organismes s'intéressent de près à la question, et je pense que ce n'est qu'un début.

Il se peut que votre parent n'ait pas encore envie d'aborder le sujet. Qu'il soit trop tôt pour lui, pas assez concerné, ou tout simplement non convaincu de la nécessité d'y réfléchir ou de mettre en place un changement, quel qu'il soit. Si vous avez réussi à anticiper très largement, proposez d'y revenir une autre fois, et à cette occasion, à la manière de la stratégie concernant l'arrêt de la conduite, d'établir ensemble une liste de critères qui devraient provoquer une évaluation du domicile par des professionnels. L'idée étant que son choix est parfaitement respectable, mais que vous ne devez pas vous retrouver en difficulté de votre côté en cas d'urgence. Tout est une question d'équilibre. Cela laissera le temps à vos arguments de faire leur chemin, ce qui permet souvent de débloquer des situations avant qu'elles n'évoluent vers un conflit.

Anticiper permet avant tout de révéler un immense terrain de jeu. Car vieillir ne signifie pas renoncer à vivre dans un endroit que l'on aime, loin de là. C'est au contraire prendre le temps de découvrir d'autres lieux, d'autres plaisirs, d'autres possibilités. Aimer le même endroit ou l'autre bout du pays. Aimer seul ou ensemble. L'urgence impose, l'amour dispose.

Les décisions qui entourent la fin de vie

Qu'y a-t-il de plus personnel que la manière dont nous souhaitons mourir, que le lieu où nous voulons rendre notre dernier souffle ? Parler de leurs envies à ce sujet à nos parents peut nous sembler être une intrusion violente dans leur intimité et réveille souvent en nous des angoisses plus ou moins profondément enfouies.

Soyons clairs : anticiper ne signifie pas contraindre vos parents à vous livrer leurs dernières volontés. Vous n'avez pas besoin de connaître dans les moindres détails leurs souhaits. Cependant, certains points sont essentiels. Marianne m'a par exemple confié que la seule chose que sa mère lui avait toujours répétée était qu'elle ne voulait surtout pas mourir dans la maison familiale. Pour sa maman, décéder dans son lit signifiait que Marianne n'oublierait sûrement jamais vraiment cette image de la chambre, et elle craignait qu'y résider devienne pour elle trop difficile par la suite. D'autres préféreront au contraire rester chez eux, quoi qu'il advienne. Il est important que vous sachiez quelle hypothèse chacun de vos parents privilégie.

Vous serez d'ailleurs peut-être surpris de vous rendre compte que ce sujet a été évoqué depuis longtemps au sein de leur couple, ce qui est relativement courant.

Giselle, 91 ans, m'a confié qu'une après-midi de printemps, vers leurs 70 ans, son mari et elle s'étaient assis avec une bonne bouteille et avaient discuté très librement de leur mort. Du lieu où ils souhaitaient être enterrés, ensemble. Ils avaient débattu pendant une heure de la possibilité d'une crémation, option que Georges préférait, mais qui terrifiait Giselle. Ils avaient tous deux rédigé leurs dernières volontés, imaginé différentes hypothèses. Leurs enfants ne le découvrirent qu'au décès de leur père, il y a quelques années maintenant.

Si leurs décisions n'ont pas été mises par écrit, encouragez vos parents à le faire et à vous indiquer le lieu où les papiers seront rangés. Le jour venu, cela vous aidera, ainsi que, si la situation le nécessite, l'équipe soignante, à prendre des décisions en accord avec leurs souhaits.

Choisir d'être aux côtés de ses parents implique des moments plus compliqués que d'autres, et j'ai bien conscience que certaines de ces conversations en feront peut-être partie. Elles vous aideront cependant à construire ensemble l'avenir que vous choisirez et à traverser les épreuves avec solidité.

Mieux vaut prévenir que guérir !

Vieillesse rime pour beaucoup d'entre nous avec fragilité, vulnérabilité. Mais c'est loin d'être une fatalité ! Peu importe votre âge et celui de vos parents, il est possible, en mettant en place quelques habitudes, de construire des bases solides pour rester indépendant bien plus longtemps et de déjouer certains risques dont l'impact n'est pas négligeable. N'hésitez surtout pas à lire les prochains chapitres en famille !

Le sport, un indispensable !

Lorsque j'ai rencontré Émile, fringuant jeune homme de 83 ans, il venait tout juste d'emménager dans un appartement de plain-pied avec son épouse, Odile.

Quelques minutes après le début de notre conversation, il m'annonçait déjà, très enthousiaste, qu'il était particulièrement heureux de sa nouvelle adresse, car il résidait maintenant à quelques centaines de mètres à peine d'une salle de sport. L'information me fit sourire. Pas de moquerie, loin de là ! J'étais sincèrement ravie qu'Émile ait non seulement compris l'importance du sport, mais qu'il ait sauté le pas plusieurs années auparavant. C'est son petit-fils qui lui avait montré certains mouvements, pour commencer, tout doucement. Il y avait rapidement pris goût et avait entraîné Odile avec lui. Si elle ne souhaitait pas pousser jusqu'à se rendre en salle, elle pratiquait chaque jour un peu de renforcement musculaire et effectuait une marche rapide. Émile avait, lui, décidé d'aller plus loin et soulevait maintenant régulièrement des poids en fonte. « Je me sens tellement mieux qu'il y a dix ans ! Je n'ai presque plus aucune douleur, et j'ai retrouvé mon énergie. On en profite, tous les deux, maintenant ! »

Activité physique, sport, mouvement... Appelez cela comme vous le souhaitez. Bouger régulièrement est un des plus beaux cadeaux que l'on puisse se faire, et ce à tout âge.

Les bénéfices sont scientifiquement prouvés depuis longtemps, que ce soit dans la prévention des maladies chroniques (y compris celles associées au vieillissement), dans leur prise en charge, ou plus largement dans le maintien de l'indépendance dans la vie quotidienne[8]. Les recherches menées au cours des dernières décennies ont montré que nombre d'altérations physiologiques liées à l'âge ne sont pas inévitables. Que signifie vraiment être « en forme » ? Une association d'endurance cardiorespiratoire et musculaire, de souplesse, un bon sens de l'équilibre et la coordination, de la force et une composition corporelle saine (c'est-à-dire une répartition masse grasse/masse maigre correcte). Chacune de ces composantes joue un rôle dans la préservation du fonctionnement du corps ainsi que dans la réduction du risque de maladie chronique et de dépendance[9]. Et il est possible d'agir sur cela, de manière efficace, peu importe son âge !

Pourtant seule une minorité de personnes âgées ont une pratique sportive régulière.

Les raisons sont nombreuses : certains n'en voient pas l'intérêt, d'autres croient que cela peut être néfaste « à leur âge » ou encore qu'ils en sont incapables. C'est pourtant complètement faux ! Et pour beaucoup le manque de soutien et d'information est un énorme frein. C'est là que vous intervenez. Comme le petit-fils d'Émile et Odile, vous pouvez, vous aussi, les encourager et les accompagner dans la découverte ou la reprise d'une activité physique.

Si vous avez encore besoin de quelques arguments pour les convaincre, regardons ensemble un peu plus en profondeur l'effet que peut avoir le sport pour les personnes âgées (et pas seulement elles).

Tout d'abord, bouger est bon pour le moral. Cela a des effets positifs contre la dépression, l'anxiété, le stress, l'insomnie[10]. Mais cela va bien plus loin. En vieillissant, les muscles fondent comme neige au soleil. Les techniques de « renforcement » améliorent la masse musculaire et osseuse, la souplesse, l'équilibre et même la confiance en soi[11]... Elles contribuent également à réduire les symptômes de diverses maladies chroniques telles que l'arthrite, le diabète de type 2, l'ostéoporose, et les maladies cardiovasculaires[12]. L'activité physique permet enfin d'améliorer la mobilité, l'équilibre et donc de prévenir les chutes ou encore la perte d'autonomie.

La fonte musculaire se ressent au quotidien... Voici une illustration plus concrète pour que vous preniez la mesure de son impact sur la vie de tous les jours.

Les données de l'étude de Framingham (une des premières grandes recherches dans le domaine de la prévention, dont les sujets sont suivis depuis 1948) ont par exemple montré que, parmi les participantes, 40 % des femmes de 55 à 64 ans, 45 % de celles âgées de 65 à 74 ans, et 65 % de celles entre 75 et 84 ans étaient incapables de soulever 4,5 kilos[13]. Cela représente un demi-pack d'eau. Comment imaginer ne serait-ce que pouvoir se relever d'une chute, seule, avec si peu de force ?

Odile l'a bien compris et pousse d'ailleurs le raisonnement plus loin : « Je travaille mes muscles, en particulier pour garder un maximum de force dans mes jambes et mes bras ! Je n'ai personnellement pas du tout envie d'avoir un jour besoin de quelqu'un pour me soulever des toilettes, pour m'aider à monter des escaliers ou même à porter mes courses ! Je tiens à rester indépendante le plus longtemps possible. » Et elle a tout à fait raison.

La bonne nouvelle, c'est que, peu importe notre âge, il est possible de progresser. De nombreuses études démontrent les effets positifs du renforcement musculaire y compris sur les personnes âgées déjà fragiles[14]. Pour plus de prudence (les contre-indications sont cependant très limitées) et des conseils personnalisés sur les activités que vous pouvez réaliser selon vos habilités et limitations personnelles, n'hésitez pas à échanger avec votre médecin traitant puis, si besoin, avec un kinésithérapeute.

Marche, vélo, natation, exercices de musculation... Ce qui compte c'est de trouver le ou les sports qui plairont, pour tenir dans la durée !

Les recommandations de l'American College of Sports Medicine et de l'American Heart Association sont de pratiquer, à partir de 65 ans, trente minutes au minimum d'activité « cardio » modérée (comme la marche) par jour, à raison de cinq jours par semaine[15], ainsi que deux sessions hebdomadaires de renforcement musculaire. On peut également envisager la pratique de gymnastique chinoise de type tai-chi afin de renforcer son équilibre. Cela peut paraître beaucoup, et il n'est pas question de passer d'une sédentarité complète à cinq heures de sport par semaine brutalement, mais d'augmenter les séances progressivement et de manière adaptée. L'objectif est ainsi atteignable et il en vaut vraiment la peine.

Le mouvement étant fondamental à tout âge, et les personnes âgées ayant souvent besoin d'encouragements et de soutien, vous pourriez envisager d'accompagner vos parents dans certains de ces moments... Tout le monde y gagnerait !

Manger, c'est bon pour la santé !

La nutrition est un domaine entouré, lui aussi, de nombreuses fausses informations et mythes.

Aline, du haut de ses 88 ans, se moque gentiment des changements radicaux d'alimentation réguliers de sa fille Marie-Josée. « Tous les deux mois, elle commence un nouveau régime, toujours drastique, c'est difficile à suivre, je ne sais jamais quoi cuisiner pour elle quand elle vient me voir. »

Tellement fréquent et pourtant, que de dégâts s'inflige-t-on ! Plaisir, équilibre et convivialité sont des clés pour s'assurer un corps solide à travers les années. Et cette approche est valable pour vos parents comme pour vous !

On sait aujourd'hui que ce que l'on appelle « le régime méditerranéen » possède de nombreux bénéfices, que ce soit pour les personnes âgées ou pour la population en général. Si l'on regarde de près les dernières études on voit qu'il réduit significativement les accidents liés à la fragilité (elle-même due à l'âge), et qu'il est associé à une diminution de 30 % de la mortalité cardiovasculaire[16] !

Mais en quoi consiste donc ce fameux « régime méditerranéen » ?

Tout d'abord en une consommation importante de produits végétaux comme les céréales complètes, les légumes, les fruits, les légumineuses (lentilles, pois, haricots...) et les noix. C'est la base de la pyramide, ce sur quoi s'appuyer.

La présence des poissons, produits laitiers et volailles y est modérée et celle de la viande rouge, des charcuteries et des sucreries en tous genres, très limitée. L'apport en matières grasses n'est absolument pas restreint mais vient surtout de l'huile d'olive. Il s'agit donc en réalité d'une alimentation très variée, riche en végétaux, en oméga-3, dans laquelle les protéines sont principalement d'origine végétale plutôt qu'animale, avec peu de produits industriels transformés et d'alcool. Si vous, ou votre parent, êtes végétarien ce n'est pas un souci, veillez cependant à consulter un professionnel agréé pour vous aider à adapter vos apports à vos besoins, et gardez en tête l'esprit du régime méditerranéen lorsqu'il s'agit d'avoir une alimentation la plus naturelle possible.

La nutrition est un des piliers de la prévention et du bien-vieillir, et pourtant elle est tellement souvent mise de côté !

Attention cependant, le mot « régime » est ici un peu trompeur. Il ne faut absolument pas l'entendre comme une incitation à perdre du poids, mais plutôt à augmenter sa consommation d'aliments qui apportent de bonnes choses au corps. Il vaut toujours mieux se concentrer sur l'ajout d'éléments qui font du bien que sur le retrait de groupes d'aliments. Sauf si une pathologie particulière le nécessite (ou pour des raisons éthiques), éliminer des catégories entières (comme les glucides) de son alimentation n'a aucun sens et n'est pas tenable à long terme !

Petite précision, pour rebondir sur une information erronée que j'entends souvent : nous gardons les mêmes besoins en vieillissant, il n'y a donc aucune raison de moins manger. La faim peut diminuer, mais il reste très important d'apporter assez de nutriments à son corps pour lui fournir de l'énergie et de quoi rester en forme. C'est là que le plaisir entre particulièrement en jeu !

La soif diminue également avec l'âge, et pourtant boire reste crucial. N'hésitez pas à proposer régulièrement eau, tisane, soupe... à votre parent, et conseillez-lui d'avoir toujours à ses côtés une petite bouteille d'eau. Vous pouvez également lui offrir une gourde graduée pour qu'il surveille sa consommation quotidienne.

Au-delà de l'aspect purement nutritionnel, j'ajouterais que « le régime méditerranéen » est centré sur la culture des pays du bord de la Méditerranée, dans lesquels toutes les générations participent à l'élaboration et au partage des repas. Le lien social et le fait de prendre son temps pour manger en famille sont primordiaux. Ils contribuent directement à la prévention de la fragilité des personnes âgées. Profitez donc, quand vous le pouvez, des moments avec vos parents, vos enfants, pour cuisiner tous ensemble et savourer le repas dans le rire et la bonne humeur !

Le cerveau, un organe qui s'entretient

La troisième facette de la prévention dont je souhaitais vous parler concerne le cerveau et la mémoire. Là aussi, il est possible d'agir pour ralentir les effets de l'âge. Si l'on ne peut malheureusement pas empêcher l'apparition de maladies comme celle d'Alzheimer, il est cependant possible de garder son esprit en forme jusqu'à un âge très avancé. Alors pourquoi ne pas commencer dès aujourd'hui ?

Deux points sont particulièrement importants pour garder un cerveau affûté.

Le premier consiste à maintenir au maximum une vie sociale et des relations de qualité. La solitude est non seulement plus répandue qu'on ne le croirait (une étude réalisée pendant huit ans en Grande-Bretagne a montré que près de 30 % des sujets en montraient des signes[17]), en particulier chez les personnes âgées, mais elle a un impact extrêmement négatif sur leur vie et leur santé[18].

Lutter contre l'isolement est donc un moyen efficace d'améliorer le quotidien de votre proche et de l'aider à garder un esprit aiguisé ! On retrouve ici des liens avec le sport ou la nutrition par exemple. S'inscrire dans un club, partager une activité avec d'autres personnes de son âge (ou non !), cuisiner ensemble... Il est possible de faire coup double voire triple ! Ayant longtemps pratiqué les échecs, j'ai eu de nombreuses occasions d'affronter des joueurs ayant parfois jusqu'à quatre-vingts ans de plus que moi (oui, j'ai commencé tôt), et tous étaient encore très en forme (certains m'ont d'ailleurs, je m'en souviens encore, battue avec une facilité déconcertante... On sous-estime bien trop facilement les personnes âgées !). Ces parties, mais plus encore les échanges, les débats qui en découlaient ont été une chance pour la très jeune fille que j'étais et, j'aime à le penser, des moments de détente et de joie pour mes anciens adversaires.

Aujourd'hui, c'est à la salle de musculation que je croise régulièrement des personnes de plus en plus âgées, et j'adore cette occasion de partager bons conseils et paroles d'encouragement réciproques !

Second facteur crucial : stimuler ses neurones ! Le cerveau s'entretient, un peu comme un muscle... Il est important de le faire travailler. Cela peut être en lisant (un des moyens les plus efficaces et complets), en jouant à des jeux de plateau (échecs, dames, ou un autre, celui qui plaira le plus !), à des jeux de cartes ou même à des jeux vidéo ! Oui, vous avez bien lu.

Des études montrent que l'utilisation de certains jeux vidéo, faisant travailler l'aptitude à faire plusieurs choses en même temps, avait un impact positif sur la réduction de déficits cérébraux liés à l'âge[19]. Mais, attention, cela ne veut pas dire que tous les écrans sont bons pour le cerveau... C'est même le contraire. L'efficacité des jeux vidéo vient de la stimulation et de l'effort déployé pour jouer. L'opposé de ce que nous faisons, par exemple, avachis devant la télévision... Zapper d'une chaîne à l'autre, ou regarder pendant des heures séries ou journaux télévisés, ne demande pas vraiment de concentration. Comme le dit le Pr Amouyel dans son *Guide anti-Alzheimer*[20] « vous ne faites aucun effort intellectuel qui vous permette de maintenir votre réserve cognitive, pire, vous la réduisez ». Encouragez donc plutôt vos parents à sortir, à avoir une activité physique ou stimulante, plutôt que de passer l'après-midi devant un téléfilm... Mieux, montrez l'exemple, et partagez ces moments tous ensemble !

Le sommeil : de bonnes habitudes à mettre en place à tout âge

Jean-Jacques se lève plusieurs fois chaque nuit pour aller aux toilettes. Louise a complètement décalé son rythme, en se couchant de plus en plus tôt, et se réveille donc maintenant vers 4 heures tous les matins. Jacqueline ne ferme plus l'œil sans son comprimé, dont elle augmente les doses régulièrement, mais se plaint d'être fatiguée dans la journée.

De plus en plus de personnes ont des problèmes de sommeil, et cela ne s'améliore pas avec l'âge. Environ 40 % des personnes de plus de 75 ans s'en plaignent et la somnolence excessive dans la journée peut concerner jusqu'à 30 % des plus de 65 ans[21]. Très handicapants à tout âge, les troubles du sommeil entraînent malheureusement leur lot de risques en vieillissant, en particulier de chutes, d'accidents domestiques et d'une consommation importante de médicaments à visée somnifère.

Il est important de faire la différence entre les pathologies qui doivent être prises en charge (insomnies, problèmes de prostate, apnée du sommeil, syndrome des jambes sans repos, modification des rythmes causés par une démence...) et ce qui relève des habitudes et peut être modifié. Si vous ou votre parent vous sentez épuisés dans la journée, vous réveillez bien trop tôt, n'arrivez au contraire pas à vous endormir, avez des sensations désagréables dans les jambes, ronflez ou avez une respiration qui s'interrompt régulièrement pendant la nuit, consultez avant de tenter quelque chose par vous-même. Seul un médecin pourra analyser la situation de votre parent (ou la vôtre !) et poser un diagnostic.

Il y a cependant des réflexes adaptés à mettre en place, le plus tôt possible, pour garder une bonne hygiène de sommeil :

- Éloigner les écrans de la chambre au moins une heure avant de dormir. Je pense que vous vous y attendiez, et je sais pourtant à quel point cela peut être difficile de n'avoir ni télévision, ni ordinateur, ni smartphone sous la main avant de s'endormir. Néanmoins, les études à ce sujet sont claires. Car le corps humain est bien fait. Notre rythme biologique fonctionne sur vingt-quatre heures. Le matin, avec le lever du soleil, nous produisons du cortisol, une hormone qui nous réveille et nous met en alerte. Lorsque la lumière baisse, à l'inverse, la mélatonine intervient pour nous aider à nous endormir. La lumière produite par les écrans brouille les signaux et interfère avec sa production[22], ce qui nous maintient alerte et éveillé bien trop longtemps.

- Adopter des horaires de sommeil réguliers, week-end et vacances inclus. Cela aide à tout âge à synchroniser son rythme éveil/sommeil, à s'endormir plus facilement et par la même occasion à se réveiller plus simplement.
- Garder sa chambre à température fraîche, et dans le noir et le silence complet pour la nuit.
- Éviter les excitants comme le café, le thé, le tabac et l'alcool après 16 heures.
- Ne pas chercher à se rendormir à tout prix en cas de réveil trop matinal ! Parfois, commencer sa journée, même à 4 ou 5 heures du matin, a plus de sens que de se tourner et retourner dans son lit.
- Avoir une activité physique régulière et manger équilibré (ni trop riche ni trop léger le soir) sont également les bases d'un sommeil de qualité... Car, oui, tout est lié !

Ces quelques modifications devraient pouvoir vous aider, ainsi que votre parent, à bénéficier d'un meilleur sommeil, réparateur, et ainsi à profiter pleinement de vos journées ensemble.

Les chutes : un risque très sous-estimé

Je ne peux pas clore le thème de la prévention sans aborder ce dernier point, qui est crucial.

On estime aujourd'hui que plus d'un tiers des personnes de 65 ans et au-delà font au moins une chute par an. Et contrairement à ce que l'on pourrait penser, cela ne concerne pas uniquement les plus fragiles d'entre elles, car même en étant encore « vigoureux », 20 % se retrouvent par terre au minimum une fois dans l'année[23]. Et il est malheureusement très fréquent de tomber plusieurs fois, car la survenue d'une seule chute multiplie par seize le risque que cela se passe à nouveau dans le futur.

Sujet trop peu souvent abordé, alors qu'il est essentiel, la chute est un événement sérieux, même dans le cas où elle n'occasionnerait pas de fracture, et qui nécessite d'être réactif. Heureusement, il existe ici aussi de nombreux moyens de prévention, de bonnes habitudes à mettre en place et de réflexes à avoir en tête. Les chutes ne sont pas une fatalité, mais il faut absolument en parler.

La maman de Dominique, dont il s'occupe depuis longtemps, est tombée à de nombreuses reprises ces dernières années. Lorsque nous discutions, il a regretté le manque de sensibilisation sur ce thème : « Une chute chez une personne âgée, en tout cas c'est comme ça que je le vois, ce n'est pas comme un gamin qui tombe de vélo. Il ne faut surtout pas sous-estimer ce qui se passe. Ça m'aurait beaucoup aidé d'avoir été préalablement informé de ça, et que je ne le découvre pas par moi-même. » Et je suis tout à fait d'accord avec lui. Il est important de comprendre les enjeux qui se cachent derrière les chutes.

Bien entendu, le premier risque est de se blesser - les fractures, notamment du poignet ou du col du fémur, sont fréquentes et peuvent conduire à l'alitement comme à une réduction drastique de mobilité - mais ce n'est pas le seul. Les chutes ont également des conséquences psychologiques quelquefois très importantes. La peur de chuter à nouveau est tenace. Elle reste dans un coin de la tête, ébranle la confiance en soi, pousse parfois à l'anxiété, voire dans certains cas à des symptômes dépressifs. Dominique l'a observé chez sa mère. « J'ai remarqué que petit à petit, avec ses chutes, est arrivée une sorte de fragilité à caractère psychologique. Elle a commencé à douter d'elle-même, à oublier certaines choses. C'est allé crescendo ensuite. »

Cette crainte peut être paralysante et déboucher sur une limitation, parfois inconsciente, de son activité.

Pour ne pas tomber à nouveau, il paraît plus prudent de réduire ses déplacements, d'éviter de sortir, de marcher moins. Le doigt est mis dans l'engrenage, puisque cette réaction a un énorme retentissement sur l'indépendance et la qualité de vie... Alors que faire ?

Eh bien, mieux vaut prévenir que guérir, très clairement.

Et pour cela, il faut déjà comprendre ce qui peut être à l'origine de ces chutes.

Il y a en réalité deux grandes catégories de facteurs de risque. La première concerne la personne âgée elle-même, la seconde son environnement. Les analyser ensemble avec votre parent et mettre en place les bons gestes et réflexes au quotidien permettra d'éviter un maximum de dangers.

Commençons par les facteurs dits « intrinsèques », qui concernent directement la personne.

Certaines maladies induisent un risque de chute par elles-mêmes. Cela ne signifie pas qu'en être atteint impliquera automatiquement de tomber, mais par contre qu'il est très important d'avoir un suivi régulier et de qualité. Sont notamment concernées les maladies neurodégénératives, l'hypotension, l'hypoglycémie...

D'autres éléments peuvent jouer de manière très importante, comme la vue et l'audition. C'est l'un des arguments qui doivent pousser à faire vérifier régulièrement que tout va bien ou à adapter les corrections si nécessaire.

Nous l'avons évoqué au chapitre précédent, les troubles du sommeil peuvent également avoir un impact sérieux et certaines substances comme les médicaments sédatifs altérer l'équilibre ou rendre somnolent. Attention cependant à ne jamais arrêter, de vous-même, un traitement sans en parler auparavant avec le médecin prescripteur.

Enfin, des comportements peuvent augmenter les risques de chute. C'est le cas de la consommation d'alcool, par exemple, ou plus simplement le fait de monter sur une échelle ou sur un tabouret instable. Peut-être évident, dit comme ça, et pourtant...

Le manque d'équilibre et/ou de force dans les jambes est également un facteur de chute. Un petit test rapide permet d'avoir une idée du risque lié à cela chez votre parent. En l'entourant, pour qu'il se sente en sécurité, proposez-lui de se tenir en équilibre sur un pied pendant cinq secondes, puis d'alterner. S'il a des difficultés à se maintenir droit, et qu'il repose son pied à terre avant même d'atteindre ces cinq secondes, encouragez-le à consulter son médecin ou un kinésithérapeute, pour rechercher la cause et y travailler. Nous l'avons évoqué précédemment, l'activité physique, que ce soit le renforcement musculaire ou les sports qui favorisent le développement de l'équilibre peuvent être particulièrement utiles. N'hésitez pas à proposer à votre parent de l'accompagner chez le kiné par exemple, pour échanger ensemble sur les possibilités de mouvements à inclure dans le quotidien afin d'enrayer au maximum la perte d'équilibre.

La seconde catégorie de facteurs de risque concerne l'environnement dans lequel votre parent vit. En effet 30 à 50 % des chutes de personnes âgées impliquent au moins une cause extérieure[24].

Voici quelques points à inspecter ensemble au domicile de votre parent :
- Les sols : y a-t-il des tapis ? des fils qui traînent ? des piles de livres ou autres, qui pourraient faire trébucher ? Des coins de carrelage décollés ? Sont-ils glissants ?
- L'éclairage est-il suffisant ? Y a-t-il un système de veilleuse de nuit (manuelle ou automatique) qui permette de ne pas marcher à l'aveugle ?
- Le mobilier est-il à la bonne hauteur ? Ni trop haut ni trop bas (le lit, mais également les chaises, les fauteuils, les canapés...). Est-il fragile ? Attention aux tables basses en verre sur lesquelles on peut avoir le réflexe de s'appuyer pour se relever.
- La douche, la baignoire et les toilettes sont-elles adaptées ?
- Les escaliers ont-ils au moins une rampe ?

Portez également l'attention de votre parent si nécessaire sur ses vêtements. Il suffit parfois d'un pantalon un peu trop long, de chaussures trop grandes, inadaptées ou encore de lacets défaits pour chuter ! Un pédicure podologue vous conseillera si nécessaire sur les possibilités de chaussage adaptées aux différentes morphologies et pathologies, voire confectionnera des semelles en cas de besoin.

Dans le domaine des objets du quotidien qui parfois posent des problèmes, les lunettes se trouvent en position non négligeable. Ne pas avoir de verres adaptés à ses besoins est évidemment risqué, mais il en est de même, quand on possède deux paires en fonction de la vision de près ou de loin, si l'on oublie de les garder toutes deux sous la main !

Je vous en ai déjà parlé dans le chapitre concernant les modifications du logement, mais je tiens vraiment à attirer votre attention sur la possibilité de faire intervenir chez votre parent un ergothérapeute, dont le métier consiste justement à adapter le domicile et à trouver des solutions pratiques afin de faciliter et sécuriser la vie quotidienne.

Vous pouvez aussi proposer à votre parent le port d'un bracelet de télésurveillance ou de détection de chutes, afin de réagir rapidement. Si vous en avez la possibilité et que vous ne résidez pas dans la même ville, vous pouvez également décider ensemble de confier un trousseau de clés à un voisin ou un ami, qui sera joignable et entrera en cas de problème.

Malgré toutes les précautions, parfois une chute survient quand même. Dans ce cas, voici quelques réflexes à garder en tête, pour votre parent comme pour vous.

Il existe une méthode pour se relever, lorsque la personne est seule chez elle au moment où cela se produit, et qui évite de s'appuyer sur les poignets (souvent les premiers à absorber le choc). Je vais vous la décrire, mais il vaut mieux que votre parent apprenne à la mettre en pratique avec un professionnel de santé à ses côtés, qui lui expliquera également dans quelles conditions et circonstances l'appliquer. Elle consiste à rouler depuis le dos sur un flanc (droit ou gauche en fonction de la situation), à s'appuyer sur le bras qui est contre le sol, puis à plier la jambe située du même côté, et à basculer les hanches pour se relever en s'appuyant sur les avant-bras (et non les poignets) et le genou, afin de rejoindre la position « quatre pattes ». Il sera plus simple, à ce moment-là, de s'agripper à un meuble par exemple, pour finir de se relever, et contacter les secours. Même sans blessure apparente, une chute doit entraîner un examen médical.

Bien entendu, cette méthode ne s'applique pas en cas de traumatisme sérieux.

Si vous êtes présent après la chute :

- Dans le cas où votre parent n'arrive pas à se relever, souffre ou s'est blessé, contactez les secours.
- S'il est resté au sol longtemps, même si aucun de vous ne constate l'existence d'une blessure, appelez le 15 pour avoir une opinion en urgence, avant d'envisager quoi que ce soit, y compris de l'aider à se relever. Le simple fait de rester sur un sol dur en position allongée constitue une urgence chez la

personne âgée et nécessite un avis médical avant d'agir.
- Dans tous les cas, même sans traumatisme apparent, je le répète mais c'est important, encouragez votre parent à consulter son médecin. Il sera primordial de comprendre ce qui a été à l'origine de l'accident, et cela sera également l'occasion de faire un bilan de suivi.
- Une fois le moment d'urgence passé, engagez avec empathie la conversation sur les craintes de tomber à nouveau, dont souvent ni les parents ni les enfants n'osent parler. Pouvoir s'ouvrir et mettre des mots sur ces angoisses libérera peut-être d'un poids votre proche et vous permettra de lui proposer, si nécessaire, d'avoir recours à un soutien psychologique afin de reprendre confiance et à un kinésithérapeute pour renforcer ses membres et apprendre à se relever facilement.

Je vous souhaite bien entendu de ne pas avoir besoin de ces derniers conseils !

Vous l'aurez compris, vieillir ne signifie pas automatiquement décrépir ! Quelques changements, de simples petits gestes au quotidien permettront à votre parent de profiter encore de nombreuses années de sa santé et de son indépendance. Et ces bons réflexes vous seront également bénéfiques ! J'espère que vous aurez eu l'occasion de partager ces derniers chapitres en famille. C'est le moment de décider ensemble des nouvelles habitudes que vous souhaitez mettre en place !

3

Une transition pas toujours évidente

Peut-on aider sans être aidant ?

Cette question, qui peut paraître curieuse au premier abord, m'est venue en réfléchissant aux nombreuses conversations que j'ai eues avec des aidants ces dernières années. J'ai rencontré trois grands types de réactions au terme « aidant ».

Certains, comme Djamila, s'y reconnaissaient facilement, acceptant sans difficulté le concept de cette casquette supplémentaire.

D'autres, à l'image de Sarah, s'y opposaient franchement. Je n'oublierai pas le regard sombre et indigné de cette jeune femme, qui avait l'air de considérer que ce mot dévalorisait ce qu'elle faisait au quotidien pour sa maman, et qui n'était pour elle que normalité et non « tâche supplémentaire ».

Et puis, enfin, j'ai échangé avec beaucoup de personnes qui se situaient dans l'entre-deux, comme Geneviève, qui comprenait tout à fait l'idée derrière le mot, mais pour autant ne se sentait pas concernée, car à ses yeux elle n'en faisait pas encore assez pour se considérer comme telle. Ou encore Barbara, qui me confiait ne pas accepter de se voir dans ce rôle, car elle résidait à 800 kilomètres de ses parents. « J'aide, mais je ne suis pas aidante. »

J'ai retourné la question dans tous les sens. Examiné les actes du quotidien, les difficultés que certains rencontraient, comparé les circonstances, parfois avec des parents « simplement » vieillissants, et d'autres où la maladie déborde sur la vie. Cherché une hiérarchie. En vain.

Dans mon précédent livre, *Aidants, ces invisibles*, j'avais d'ailleurs partagé de nombreux témoignages d'aidants, dans le but de montrer, à l'époque, que la souffrance qui pouvait être ressentie n'était pas corrélée uniquement à la complexité d'une pathologie, à sa durée ou aux tâches que les proches réalisaient au quotidien. Mais être aidant a-t-il obligatoirement pour conséquence de souffrir à un moment ou à un autre ? Je ne le crois pas.

La mort, la maladie, l'injustice se rencontrent à chaque étape de la vie et sont, elles, des causes de douleur immédiates. Le rôle d'aidant en tant que tel n'implique, lui, pas forcément une souffrance supplémentaire (et heureusement !).

Et puis, j'ai finalement compris. Ces femmes, ces hommes, qui étaient pour moi tous des aidants, avaient en réalité un point commun : avoir fait le choix d'être présents, à leur manière, aux côtés d'un de leurs proches. Et d'ailleurs, chaque fois que quelqu'un m'a demandé, ces dernières années, « Docteur, pensez-vous que je suis aidant ? » j'ai répondu que se questionner à ce sujet suffisait pour moi. Cela montre l'intention.

J'ai bien conscience que l'idée qu'être aidant est un choix peut choquer au premier abord. Et j'entends déjà certaines réponses, dans la ligne de celle de Sarah, expliquant que ce n'est pas un choix mais une évidence, et qu'il n'y a pas besoin d'y réfléchir. J'entends la revendication qui se cache en arrière-plan.

Cependant, la vie est une succession de décisions, conscientes et inconscientes. Cela ne signifie pour autant pas que nous réfléchissons à tout ce que nous faisons chaque jour. Nos journées sont remplies d'automatismes, d'habitudes, de réflexes. Ce sont pourtant bien des décisions que nous prenons. Votre façon de vous lever le matin, de vous brosser les dents ou encore de boire votre café sont peut-être gravées en vous, au point que vous pourriez exécuter ces gestes les yeux fermés, et pourtant vous pourriez décider un jour de tout changer.

Notre identité se construit depuis notre naissance, à partir de notre éducation, des valeurs qui nous sont transmises par nos familles puis par le monde extérieur. Nous nous forgeons à partir de nos expériences, des rencontres que nous faisons, des relations que nous développons. Nos choix de vie sont fondés sur ce que nous avons bâti. Ce qui nous apparaît comme une évidence ou une normalité n'est que le reflet de ce que nous sommes et des directions que nous prenons.

Pourquoi vous dire ceci ? Parce qu'accepter la réalité de cette décision est la première étape, avant de s'autoriser à lui accorder une valeur. Je vois d'ici les haussements ou froncements de sourcils de certains d'entre vous en lisant cette phrase. Oui, il est crucial d'attribuer du mérite, de l'estime au choix que vous faites, chaque jour, d'être présent pour votre parent. Et ce, peu importe que vous jugiez que vous en fassiez, ou non, assez. Entre nous, je ne suis pas sûre d'avoir déjà entendu un seul aidant me dire qu'il pensait en faire assez ! C'est bien pour cela qu'il est tellement fondamental que vous arriviez à porter du respect à vos actions. Vous êtes là. La seule personne qui a le pouvoir de décider de vous retirer votre valeur n'est autre que vous-même. Vous avez toute légitimité à vous considérer comme « aidant ».

Et être aidant n'efface pas le fait d'être encore l'enfant. Ces rôles ne s'opposent pas, ne se soustraient pas, ils s'additionnent. Devenir aidant n'est pas votre nouvelle identité. C'est un rôle que vous prenez en plus.

J'entends parfaitement le malaise que ce mot en lui-même peut parfois provoquer. C'est pour cela que je tiens à faire la distinction ici : ma priorité, avant que vous acceptiez ou non une qualification, l'usage d'un terme est surtout que vous compreniez votre choix, et que vous lui accordiez le crédit qu'il mérite.

Le mot « aidant » n'est pas parfait. Notre langue française, pourtant si riche, est bien limitée dans ce domaine. En anglais, « *caregiver* », implique la notion de « *care* », de « prendre soin ». J'ai tendance à préférer cette expression. Après tout, que signifie vraiment aider ? Donner un coup de main ponctuel à un voisin, un ami répond également à cette définition. Je sais que certains trouvent que notre mot sonne trop « professionnel », donnant parfois l'impression de dénaturer les actes ou la relation. J'entends de temps en temps une opposition, qui me hérisse le poil, entre « aidants familiaux » et « aidants professionnels ». Tout cela ne fait que renforcer la difficulté d'emploi du terme que rencontrent de nombreux proches. On le confond parfois même avec « aide-soignant » ou « aide à domicile », qui sont, eux, des métiers. Or, être aux côtés de ses parents est tellement plus qu'une liste de tâches, qu'un travail qu'on quitte en fin de journée. Ne s'attarder que sur cet aspect serait oublier les chamboulements du quotidien, les actes d'amour, l'envie d'être présent, les émotions toujours plus fortes, parfois joyeuses, parfois brutales et crues.

Il y a cependant un aspect primordial à prendre en compte dans ce débat. Qu'on l'apprécie ou non, le mot « aidant » commence aujourd'hui enfin à être ancré dans notre société. Il donne accès à des droits concrets. Il a une signification dans le monde du soin. Souvent aussi dans celui du travail.

Il témoigne de l'appartenance à une communauté. Peut aider à obtenir du soutien, du répit. Bref, c'est avant tout un outil. Et s'en saisir est important. Tant pis, au fond, pour la formulation.

Vous l'avez compris, dans ces pages j'ai voulu vous guider vers votre propre reconnaissance en tant qu'aidant. Mais pourquoi ? En quoi est-ce vraiment nécessaire ?

Eh bien parce que j'ai dit que je serais à vos côtés, et que cela signifie être honnête avec vous. J'ai vu beaucoup d'enfants accompagner leurs parents à travers les années. Et se brûler les ailes, s'épuiser, avoir des regrets. Dans la majorité des cas, ces situations concernaient ceux qui banalisaient leur rôle, le considéraient comme « normal ». Ne reconnaissaient rien de particulier à ce qu'ils étaient en train de vivre.

Prendre la décision d'être aidant, c'est accepter d'entrer dans un monde nouveau, incertain, dont les règles se découvrent au fur et à mesure des jours. Et qui vous concernent, autant que votre parent. Vous avez décidé de faire quelque chose de beau, rempli d'amour. Accepter d'être aidant, c'est admettre l'importance d'essayer de trouver un équilibre, même si bien sûr sur cette balançoire à bascule qu'est la vie, le siège penchera parfois plus clairement d'un côté que de l'autre. Le va-et-vient est permanent, le jeu fonctionne ainsi. Mais il arrive, à certains moments, que la planche devienne plus lourde, difficile à faire bouger. Être aidant, c'est aussi, de temps en temps, consentir à ce que d'autres nous épaulent, à la recherche de cet équilibre, de ce nouveau rythme. Ensemble, pour eux.

Se réveille-t-on aidant un matin ?

Pour nombre d'entre nous, il paraît évident que l'on sentira cet instant où la situation évolue. Où notre parent aura soudainement besoin de nous. Où notre quotidien sera chamboulé. Peut-être que cela sera le cas pour vous. Mais pas forcément.

Je me suis rendu compte à travers tous mes échanges qu'en réalité nombreux sont ceux qui n'arrivent à identifier ce moment qu'a posteriori. Après des années, voire à la suite du décès de leur parent. Et cela n'est pas étonnant car ce changement peut être très progressif, invisible à l'œil nu pendant des mois, ou tellement plus !

Bien entendu, dans certaines situations un diagnostic vient bousculer le quotidien tranquille et marque pour l'entourage un début plus officiel. Cela ne signifie pas pour autant que les relations n'avaient pas commencé à évoluer auparavant.

Lorsque le cancer du sein de la maman d'Aya a été diagnostiqué, cela a évidemment été un choc énorme. Cependant, en en discutant ensemble, après quelques années, elle m'a confié que même avant le diagnostic, sa place aux côtés de sa mère avait déjà changé depuis un moment.

L'évolution est bien souvent silencieuse, longue, en particulier quand le vieillissement est « physiologique », c'est-à-dire sans accident ou maladie particulière, qui détérioreraient soudainement la situation. Bernadette, qui prend soin de sa maman de 93 ans, m'a raconté sa prise de conscience. « Cela s'est fait lentement, étant donné que maman a longtemps été très autonome, et que je pense que je ne voulais tout simplement pas voir qu'elle vieillissait. Cela a débuté par le fait d'aller dépanner régulièrement sa télévision. Elle m'appelait et j'y allais. Et puis avec le Covid j'ai commencé à faire ses courses, à passer voir si tout allait bien. Maintenant je viens vérifier son courrier, nous regardons ensemble s'il y a des papiers urgents, nous discutons. Et puis, j'ai réalisé que des personnes abusaient d'elle. Un démarcheur à domicile lui a un jour vendu pour 100 euros de chaussettes. Une autre fois, elle a laissé entrer un commercial qui lui a fait résilier sa mutuelle pour une autre. Je crois que c'est à ce moment que j'ai vraiment ressenti la vulnérabilité de ma mère, et cela m'a bouleversée. »

Même dans le cas d'une maladie chronique, il n'est pas toujours simple de repérer le moment de bascule. Éléonore, qui à 35 ans accompagne ses deux parents, en particulier son père, atteint de sclérose en plaques, m'a confié que « les choses se sont installées peu à peu », sans qu'elle se pose vraiment la question. Elle a pris plus de place dans le quotidien, sûrement aussi pour soulager sa mère.

La présence du second parent joue souvent énormément. Il peut nous protéger, faire barrière face à la réalité. On évoluera parfois pour le soutenir lui, dans son rôle d'aidant dont nous sommes témoin. Ce qui ne fait pas moins de nous des aidants. Il peut arriver qu'on le remplace peu à peu, la charge change d'épaule doucement. Comme pour Éléonore. Et dans d'autres cas c'est justement le décès d'un des parents qui nous catapulte en première ligne pour consoler et prendre soin de celui qui reste. C'est ce qui est arrivé à Annette, qui a perdu son papa il y a vingt-sept ans maintenant, ou encore à Carole, qui a « commencé à beaucoup aider [sa] maman, très fusionnelle avec son mari, à la suite de son décès, en 2004 ».

Dans certaines vies, des événements successifs modifient au fur et à mesure la place que l'on décide d'occuper auprès de nos parents.

Francine, qui a 61 ans aujourd'hui, a commencé à s'occuper de sa maman à la mort de son père il y a trente ans. Papiers, courses... Elle vivait seule chez elle. « C'était assez léger. Et puis, il y a cinq ans, ont commencé les problèmes de santé. Les médicaments. Une pose de pacemaker. Maman s'est retrouvée fragilisée. J'ai augmenté mon aide progressivement. Et en mars 2020 j'ai perdu mon frère, qui était son enfant préféré. Ça a été une véritable descente aux enfers. Là, j'ai réellement compris ce qu'était le rôle d'aidant ».

Et pourtant, elle l'était depuis bien longtemps.

Souvent, on décrit a posteriori cette impression d'inversion des rôles. Ce sentiment d'être soudainement devenu responsable. J'entends régulièrement l'expression « devenir le parent de son parent ». Je ne l'aime pas beaucoup, car si notre rôle change, nos parents restent à jamais nos parents. Mais cela illustre ce moment où l'on voit tout à coup dans le regard de celui ou celle à qui nous avons toujours demandé conseil cette lueur d'inquiétude, ce besoin de validation, de réassurance. Cette vulnérabilité. La fragilité de sa vie, qui nous déchire le cœur.

Cela peut également marquer un tournant dans la façon dont notre parent réagit. Ne croyez pas être le seul à remarquer ces changements, ces faiblesses nouvelles. Eux aussi s'en rendent compte, et en ont peur. Parfois, cela s'exprimera d'ailleurs maladroitement, par de la colère, de l'agressivité.

Peut-être sentirez-vous ce moment de bascule, ou peut-être ne sera-t-il évident que des années après la mort de votre parent. L'important est surtout de repérer en vous le changement, ce moment où nous passons d'adultes qui vivent leur vie, fondent leur propre famille, sans arrière-pensées, à ce quotidien vécu avec une petite voix au creux du cœur, qui nous dit de veiller sur nos parents. Qui nous fait prendre des nouvelles plus régulièrement. Nous rend plus vigilant. Colore parfois d'inquiétude les notes de la sonnerie du téléphone. Si vous êtes arrivé jusqu'ici, ce changement a probablement déjà eu lieu en vous. Observez-le avec attention et tendresse.

4

Un nouvel équilibre à tâtons

Dans l'hypothèse d'une vie à deux

Comme la naissance d'un enfant transforme les habitudes, les dernières années de vie de nos parents bousculent notre quotidien et celui de notre couple. La tentation est parfois forte de choisir de prendre sur vous, de vouloir tout faire seul, d'essayer de protéger votre conjoint, voire de vous replier sur vous-même. Des pointes de culpabilité peuvent même jaillir dans votre esprit. C'est ce que me décrivit Aminata lorsque je l'ai rencontrée.

Assise à la table de la cuisine, elle tapotait nerveusement ses ongles, vernis de jaune et orange, sur le bois. « Ce sont mes parents, c'est à moi de gérer. Il faut que je le protège, je ne vais pas lui imposer ça. » Ces quelques mots avaient été prononcés à voix basse, mais pas assez pour ne pas faire réagir Yussuf qui, dans le salon voisin, attendait patiemment - jusqu'ici - que l'entretien soit terminé. Une poignée de secondes plus tard, sa silhouette longiligne apparaissait dans l'encadrement de la porte, et sur son visage d'ébène, l'incompréhension se mêlait à la colère.

« C'est pour me protéger que tu ne me dis plus rien ? Que tu ne me parles quasiment pas de tes parents ? Mais en quoi ça me protège de te voir souffrir, galérer, et de ne rien pouvoir faire ? »

Je l'invitais à nous rejoindre, et il se laissa tomber lourdement sur la chaise voisine. Aminata continua doucement : « Je sais que ce n'est pas facile à ton boulot en ce moment, et que tu fais de ton mieux pour que Madi et moi, on ne manque de rien. Tu es crevé en rentrant le soir, je n'ai pas envie de t'embêter avec mes histoires de famille en plus. » Elle tripotait maintenant une mèche de cheveux aux boucles crépues en fixant la table en bois. Il fallut quelques instants à son conjoint pour réagir. En se tournant vers elle, il répondit d'une voix calme et posée : « Chérie, tu es ma femme. On est une équipe. Si ça ne va pas, je veux le savoir. Si tu t'inquiètes, que tu n'en peux plus, que tu ne sais pas quoi faire, je veux le savoir ! Parce que je ne peux pas être là pour toi si tu ne me laisses pas la possibilité de l'être. »

Ses mots ont longtemps résonné en moi. Trop souvent, par crainte de déranger, de trop demander, on se replie sur soi, et on ne partage ni ce qui nous préoccupe ni ce dont nous aurions en réalité besoin. Sauf qu'en excluant notre partenaire, même inconsciemment, de ce que nous traversons, nous ne lui laissons pas la possibilité de nous épauler. Il a besoin de nous comprendre pour nous aider. Avoir quelqu'un sur qui s'appuyer est une vraie chance... Ne vous en privez pas !

Le soutien d'un conjoint s'exprime de nombreuses manières. Éléonore me racontait être « infiniment reconnaissante de l'écoute de son mari, de sa présence, qu'il sache comment la rassurer, qu'il ne lui tienne jamais rigueur du temps que son rôle prenait sur leur vie de famille ». Le mari de Nadine « n'est pas loin de s'être autant impliqué qu'elle. Il l'a soutenue mais a aussi soutenu sa mère, qui se repose sur elle et elle sur lui, c'est un jeu de dominos. »

Julia, elle, décrit une autre forme d'aide. « Son rôle a déjà été de m'écouter. On a énormément parlé. Mais parfois aussi de m'aider à remettre les choses à leur place. De me dire quand prendre du recul. Que parfois je m'investissais trop. De souffler. De remettre notre vie, notre fille au centre. »

Il y a mille façons d'être présent pour son partenaire. Et tout le monde n'a pas les mêmes besoins. Voulez-vous simplement qu'il vous écoute ? qu'il vous conseille ? qu'il vous donne un coup de main supplémentaire dans la gestion de votre foyer, pour vous permettre de libérer du temps à passer avec vos parents ? qu'il vous aide à faire redescendre la pression ?

N'attendez pas qu'il le devine... Dites-lui ce que vous souhaitez vraiment. La communication est fondamentale dans un couple au quotidien, et encore plus dans ces moments charnières.

Cependant, soyez également prêt à prendre en compte ce qu'il a à vous dire, et ce qui lui est nécessaire.

Peut-être ne s'entend-il pas avec vos parents. Peut-être a-t-il certaines craintes, pour vous, pour eux, pour vos enfants si vous en avez. Peut-être que certaines tâches le mettent plus mal à l'aise que d'autres.

Il avait fallu à Paul du temps pour accepter d'écouter les réticences de Natasha. Rongé par un sentiment intense de culpabilité, face à la nécessité prochaine de faire admettre en institution sa mère, atteinte d'une forme avancée de démence, il avait insisté pendant des mois pour l'accueillir dans leur appartement et s'emportait dès que sa femme tentait de répondre autre chose que « oui ». Quelques mois plus tard, quand nous en avons discuté tous ensemble, le calme était revenu dans le couple. Mèches rousses bouclées et rebelles, doux regard vert d'eau, c'est main dans la main avec elle qu'il m'a raconté la façon dont tout s'était éclairci. « Le climat entre nous était devenu horrible. Nous nous disputions quasiment tous les jours. Je lui en voulais énormément de me forcer à abandonner maman alors que nous aurions pu l'aider. En tout cas, c'est comme ça que je le ressentais. J'ai fini par accepter de prendre rendez-vous avec le médecin de l'établissement, et c'est lui qui m'a fait réaliser ce qui était en train de se passer. Je me sentais profondément démuni face à la maladie de maman. Je crois que je m'accrochais à l'idée que si je la prenais avec moi, je pourrais encore faire quelque chose pour en retarder l'évolution. Et à mes yeux, Natasha représentait la défaite, la perte de la lutte, la fin. Mais c'est à la maladie que j'en voulais. Pas à elle. Il m'a fallu du temps pour comprendre qu'elle ne s'y opposait pas sans raison. Qu'elle avait compris que maman serait bien mieux prise en charge là-bas. Qu'il serait difficile pour nos enfants de vivre dans le même foyer qu'une personne âgée très démente. Et que cela ne voulait pas dire que je l'abandonnais. Depuis, nous lui rendons visite très régulièrement, Natasha emmène souvent les enfants, et nous avons recréé des rituels en famille autour de maman. » Il est possible qu'à cet instant mes yeux aient été plus humides que d'habitude.

Votre nouvel équilibre est à trouver ensemble, en famille. Cela implique du respect mutuel, une prise en compte de vos besoins respectifs, de ne pas tenter d'imposer des décisions, d'un côté comme de l'autre.

Il arrivera même peut-être que vous partagiez votre rôle d'aidant. C'est le cas d'Olivier et de son épouse, qui ont choisi de s'investir ensemble. « Avec ma femme, on parle beaucoup. Je considère que notre couple est aidant de mes deux parents, mais également de nos deux familles. Je me considère aidant de ma belle-mère et ma femme, aidante de mes parents. C'est un vrai partage. C'est essentiel pour nous. Nous sommes une famille recomposée, et cela a toujours été notre ligne de conduite, cet échange au sens large. Bien sûr il y a parfois des tensions, c'est un travail assez lourd et exigeant. Il faut beaucoup d'amour et d'empathie, de compréhension, de dialogue surtout. La psychothérapie nous a beaucoup aidés. »

Parler à un tiers, comme l'ont fait Paul, Natasha, Olivier et tant d'autres, qu'il soit médecin, psychologue, ou simplement un ami à l'oreille attentive, aide à dénouer des situations complexes, où les tripes prennent parfois le dessus sur l'analyse. Peu importe la façon dont vous déciderez de gérer les choses, n'oubliez pas que vous avez la chance d'avoir quelqu'un à vos côtés.

Et les enfants dans tout ça ?

De nombreuses questions reviennent régulièrement lors de mes rencontres avec des aidants, concernant la place à donner à leurs enfants, et le comportement à adopter vis-à-vis d'eux. Faut-il leur parler de la vieillesse, de la maladie, de la mort ? Les laisser au contact d'un grand-parent diminué ou dément ? Comment les protéger au mieux ? Faut-il d'ailleurs chercher à le faire à tout prix ? Ces interrogations sont parfaitement légitimes. Alors, que faire ? Doit-on aborder avec son enfant ces sujets ou les éviter ?

Je comprends tout à fait qu'il soit difficile de discuter de la situation, en particulier quand on est soi-même angoissé par celle-là. Cela nécessite d'avoir accepté ce qui se passe et d'être capable d'en parler calmement.

Je pense que la communication avec les enfants est primordiale. Bien entendu, elle devra être adaptée à l'âge, mais ne pas être embellie ou étoffée pour autant. Parfois, leurs questions vous prendront de vitesse. Saisissez dans ce cas l'occasion au vol.

C'était le cas de Nadine qui le formule très clairement : « Je n'ai pas eu de conversation avec mes enfants à propos de la vieillesse ou de la maladie. C'est très compliqué pour moi, on se voile un peu la face... Quand mon beau-père a commencé à décliner, l'été dernier, j'ai eu vraiment peur. Je l'ai vu lâcher, il n'avait plus goût à rien, il ne mangeait plus. Il a vraiment fallu se battre tous les jours. Ma fille de 10 ans m'a entendue dire à cette époque que je craignais que Georges ne tienne pas, et elle m'a demandé ce que ça voulait dire. Ça m'a permis de lancer la conversation. Parfois, un élément déclencheur, ça aide. »

On pense souvent à tort que ne rien dire permet de protéger. C'est sous-estimer l'aptitude de nos petits bouts à comprendre ce qui se passe autour d'eux, et en particulier à ressentir vos émotions. Votre enfant sait au premier regard si vous êtes triste, stressé, ou au contraire plein d'espoir. Le risque est qu'il ne comprenne pas l'origine de ces sentiments et s'en pense responsable. C'est pour ça qu'il est essentiel, avec vos mots, de les prendre par la main, de vous asseoir ensemble, et de raconter non seulement ce qui se passe mais la façon dont cela vous touche.

C'est l'occasion de leur expliquer l'importance de la famille, l'importance de prendre soin les uns des autres. Montrez-leur la solidarité, la chaleur des liens qu'il y a entre vous. C'est rassurant pour un enfant de savoir qu'il appartient à un foyer dans lequel on est présent pour ceux que l'on aime. N'hésitez pas à attirer leur attention sur ces points positifs.

Je sais que certains d'entre vous craignent de parler de la maladie. Mais il faut garder en tête que les enfants n'ont pas les mêmes repères que nous. Nous sommes capables d'analyser une situation dans son ensemble, nous en comprenons les composants et la finalité. Ce n'est pas le cas des plus jeunes.

Julia raconte avec tendresse cette anecdote concernant sa fille de 5 ans à l'époque. « Je parle ouvertement de la maladie d'Alzheimer de maman à ma petite fille. Je lui ai expliqué que sa grand-mère n'était pas comme son autre grand-mère. C'est difficile de savoir exactement ce qu'elle comprend, mais elle est consciente qu'il y a une différence entre les deux situations. Elle est très en demande de la voir, nous lui rendons visite au moins une fois par semaine. Et pour Noël dernier, elle a fait quelque chose qui m'a beaucoup surprise. Elle m'a dit qu'elle aimerait apporter un cadeau à sa grand-mère, et elle est allée chercher dans sa bibliothèque les livres qu'elle aimait lorsqu'elle était bébé. Elle m'a dit qu'elle n'en avait plus besoin, et que comme sa grand-mère ne comprenait pas très bien le français, peut-être que cela pourrait l'aider. Elle est allée emballer les livres pour les lui apporter. »

Ce que nous connaissons comme un symptôme n'est parfois pour un enfant qu'une autre réalité.

Même le vieillissement du corps est perçu différemment. Je me souviens avoir échangé dans un EHPAD avec une jeune maman, qui venait, avec ses deux enfants, rendre visite à son père. Très gênée qu'il porte une protection urinaire, elle avait été prise au dépourvu quand son fils de 6 ans avait dit en souriant, « tu as vu maman, papi il a une couche comme Sonia » (sa petite sœur de tout juste 1 an, qui somnolait dans un couffin). Ce qui pour elle représentait le déclin n'était à ses yeux de petit garçon qu'un outil pratique qu'il voyait tous les jours.

Ce qui compte principalement, c'est d'inclure les enfants. Ce sont leurs grands-parents, ils n'en auront pas d'autres. Sauf dans des cas très particuliers (et heureusement rares) de violence, ou de comportement complètement inapproprié (dus par exemple à une démence), il est plus dommageable pour des enfants d'être séparés de leurs grands-parents que d'être témoins d'une maladie ou des derniers mois de vie.

Parfois, ce contact peut passer par une activité commune. Fanny, dont la maman, atteinte de la maladie de Charcot, a perdu l'usage du langage, a ainsi trouvé une passion partagée par ses filles et sa mère. Dans leur cas, il s'agit du cheval. « Maman aime beaucoup les chevaux. Dans son enfance, en Bretagne, il y avait un cheval de trait qui était très important pour la famille. Il a marqué ses premières années. J'ai inscrit mes filles à l'équitation, et j'ai amené maman au centre auprès d'elles. Malgré la maladie, elle a retrouvé le contact avec l'animal. J'ai été très étonnée de voir la façon qu'elle a de le toucher. C'est très émouvant. Elle n'a plus la parole, mais elle a retrouvé ce lien grâce à lui. » Ce n'est bien sûr pas toujours possible d'aller aussi loin, mais cette initiative est un bel exemple que je tenais à partager avec vous.

Attention, il est cependant important de respecter les envies des enfants. S'ils ne souhaitent pas rendre visite à leur grand-parent malade, ne les forcez pas. Saisissez plutôt l'occasion pour démarrer une discussion et comprendre ce qui pose problème. Faites-leur sentir qu'ils peuvent s'exprimer librement, que vous ne vous fâcherez pas. Cette atmosphère ouverte et positive les aidera à exprimer leurs émotions. N'hésitez pas non plus à leur dire qu'ils ont le droit d'être tristes, en colère, et de le faire savoir. Certains enfants ont tendance à s'enfermer dans un comportement neutre, « parfait », pour ne pas peser sur leurs parents, quand ils sentent que ceux-ci ne vont pas forcément très bien.

Il y a un point que je tiens à aborder dans ce chapitre, qui je le sais ne concerne pas la majorité d'entre vous mais qu'il me semble tout de même important d'évoquer.

J'ai jusqu'ici parlé d'enfants en contact avec leurs grands-parents, mais pas impliqués dans leur prise en charge. Cela arrive pourtant.

C'est souvent le cas lorsque le grand-parent malade emménage avec la famille. On ne se rend que rarement compte à ces occasions du changement de rôle qui peut s'opérer pour les enfants. L'aîné en particulier. Peut-être commencera-t-il à aller chercher les médicaments à la pharmacie, voire à les donner à son grand-parent ? À l'aider à se déplacer dans la maison ? À préparer le repas, faire les courses, surveiller les devoirs des plus petits afin de vous libérer d'un poids ? À vous soutenir dans les tâches administratives ? La frontière entre service rendu ponctuellement et évolution vers la place de jeune aidant est parfois fine, mais vite franchie. Ils sont entre 500 000 et 1,5 million en France, et aujourd'hui encore trop peu connus.

Il ne s'agit en aucun cas de juger la manière dont chaque famille s'organise. J'attire cependant votre attention sur cette notion. Soyez s'il vous plaît attentif à la place que chacun de vos enfants tient au quotidien si vous êtes confronté à ces situations complexes.

Si vous pensez que l'un d'entre eux (ou plusieurs) est en train de devenir - ou est déjà - un jeune aidant, il est important de l'évoquer avec lui. De comprendre son ressenti. D'écouter ses besoins. De lui proposer des alternatives ou un soutien psychologique.

Il arrive que l'on passe à côté des craintes de l'enfant, qui ne les formule pas toujours comme un adulte le ferait. L'histoire de Joseph, 8 ans, en est un bon exemple. Lorsque je l'ai rencontré, ce petit bonhomme à la silhouette frêle, cheveux bruns en bataille, peinait à garder ses lunettes sur le nez, tant il nous racontait, à sa mère et à moi, avec enthousiasme et à grand renfort de gestes son dernier match de foot et sa future carrière quand il serait professionnel. Aurore, sa maman, était plus en retrait sur sa chaise. Employée à plein temps, elle partageait son foyer avec son mari, Diego, mais également avec sa mère, Annie, 90 ans. Depuis quelques années maintenant, celle-ci était devenue plus fragile et, après plusieurs chutes, Aurore avait préféré qu'elle vienne s'installer avec eux. Joseph n'aimait pas vraiment l'école, mais avait jusqu'ici toujours eu de bons résultats, et bien qu'il soit très actif, aucun problème n'avait été signalé. Et puis les bagarres commencèrent. Et les notes ne tardèrent pas à dégringoler. À la maison, les portes claquaient régulièrement au son de « Je déteste mamie. » Personne ne comprenait vraiment pourquoi, et Joseph s'enfermait dans sa chambre ou dans l'agressivité lorsque Aurore ou son mari tentaient d'en savoir plus. C'est en classe, lors d'un échange banal sur la famille, qu'il explosa et hurla à sa maîtresse, interloquée, qu'il détestait sa grand-mère et qu'on l'obligeait à rester avec elle tous les jours. Son enseignante eut le bon réflexe de le prendre à part après la classe pour l'écouter raconter sa vie, de son point de vue de petit garçon. Elle comprit rapidement qu'il n'avait rien contre Annie, bien au contraire. Mais que chaque jour, en rentrant de l'école, ses parents travaillant encore il se retrouvait en tête-à-tête avec elle pour deux heures et se sentait responsable de sa sécurité. Il était terrifié à l'idée qu'elle puisse se faire mal en tombant et se sentait complètement impuissant. Certaines de ses nuits étaient peuplées de cauchemars,

Annie à terre, lui appelant à l'aide, personne autour. Alors il avait préféré dire qu'il la détestait, pour ne pas avoir à être seul avec elle. La maîtresse contacta immédiatement Aurore et son mari, qui tombèrent des nues. Grand-mère et petit-fils s'étaient toujours bien entendus et, à leurs yeux, ces moments quotidiens étaient un bon moyen de renforcer leurs liens. Ce soir-là, la famille entière se réunit et les cœurs se dénouèrent. Diego obtint rapidement une modification de ses horaires de travail, qui lui permit d'assurer une présence aux côtés de son fils et de sa belle-mère, après l'école. Il ne fallut que quelques jours au grand sourire de Joseph pour revenir illuminer sa frimousse, et ces instants à trois devinrent rapidement le meilleur moment de ses journées.

Être un jeune aidant n'est pas forcément négatif, loin de là. L'enfant, l'adolescent peut apprécier cette place. Se sentir fier de participer, être plus mature, responsable. Mais il est important de garder en tête que ce rôle comporte certains risques, pour sa santé et sa scolarité. Il est donc primordial de repérer si votre enfant est concerné, afin de lui apporter le soutien dont il a besoin. Certaines associations[1] et professionnels peuvent vous y aider. Les enseignants sont également très souvent des alliés de choix, s'ils sont tenus informés de la situation. Certains enfants préféreront parler à des amis, d'autres à un prof, d'autres encore à un soignant, ou bien à vous, directement. L'important est qu'ils aient l'occasion de confier ce qu'ils ont sur le cœur, et que, tous ensemble, vous trouviez des solutions qui conviendront à chacun.

Où placer le curseur ?

Il est souvent difficile non seulement de trouver sa place aux côtés de ses parents, mais aussi de savoir jusqu'où il est possible d'aller. Quand il existe par exemple encore un couple, qu'il soit composé de vos deux parents ou fasse suite à un remariage, comment se situer entre l'envie d'exprimer nos craintes, de participer aux décisions, et le respect de l'intimité, de la relation ?

Même face à un parent seul, combien d'entre nous se questionnent sans cesse sur la frontière entre aide et ingérence, cherchant à tâtons la meilleure façon de soutenir sans étouffer ou infantiliser ?

Ce dilemme était au cœur des préoccupations de Marion et Laurence quand je les ai rencontrées. Attablées à la terrasse d'un café, les deux sœurs avaient une conversation très animée qui ne s'interrompit que quelques instants lorsque je les rejoignis, le temps de m'asseoir en face d'elles. Marion, l'aînée, avait le visage couvert de taches de rousseur et d'une expression contrariée. Elle entreprit de me raconter la situation de Christine et Jacques, leurs parents. Les pertes de mémoire inquiétantes de sa mère ; l'apparente nonchalance de son père. « Il est complètement dans le déni et ne fait rien ! » trancha-t-elle en saisissant avec énervement sa tasse que le café, sous le choc, menaçait dangereusement de quitter. Aussi brune et calme que sa sœur était flamboyante et énergique, Laurence soupira en levant les yeux au ciel. « Papa n'est pas dans le déni, il voit bien ce qui se passe. Il ne sait juste pas quoi faire et, tu le connais, il est gêné ! Tu crois que c'est facile pour lui de dire à maman "écoute chérie, je pense que tu commences à perdre la tête" ? » Exaspérée, Marion répondit en reposant son café d'un geste brusque : « Je n'ai pas dit que c'était simple. Mais pendant ce temps elle n'est pas prise en charge. On devrait aller voir son médecin directement. » Le bruit de la foule et le cliquetis de la tasse brinquebalante sur sa coupelle peinaient à couvrir le vacarme assourdissant du silence qui s'était soudainement abattu à table.

La discussion reprit plus calmement. Laurence m'expliqua que son père se sentait très mal à l'aise et rechignait à « dénoncer » sa femme. Il voyait bien que sa mémoire ne s'améliorait pas, mais ne sentait pas encore d'urgence et donc retardait le moment d'en parler. Il espérait en réalité que le médecin finirait par se rendre compte des difficultés de Christine et prendrait les choses en main.

Dans le cas de ces jeunes femmes, le généraliste voyait régulièrement leur maman, mais, pensaient-elles, ne pouvait pas forcément repérer ses soucis durant la consultation. Il faut dire que celle qui refusait d'admettre souffrir de quoi que ce soit était devenue plutôt bonne pour cacher pendant un court moment ses symptômes.

Je saisis l'occasion pour expliquer la position parfois délicate des soignants vis-à-vis des familles.

En effet, le secret médical est à double tranchant. Si votre parent accepte votre présence durant la consultation, le médecin pourra vous renseigner sans problème et répondre à vos questions. Cependant, s'il n'est pas à vos côtés, il sera impossible pour le praticien de vous transmettre des informations le concernant. Et, en particulier dans ces situations conflictuelles, tenter de forcer les événements en se rendant directement au cabinet n'est pas la meilleure des idées.

En revanche, si le médecin ne doit pas vous informer sans l'accord de son patient, vous pouvez tout à fait, si vous considérez que des données lui manquent, le contacter et lui demander de vous transmettre, par exemple, une adresse e-mail afin de lui écrire, en expliquant que vous êtes conscient que le secret médical ne lui permet pas de vous répondre, mais que vous souhaitez porter à son attention certains éléments, afin qu'à la prochaine consultation il y attache un regard particulier. Veillez dans ce cas à transmettre des faits aussi précis et concrets que possible, comme « maman oublie régulièrement qu'elle nous a parlé le jour même », qui aideront à la compréhension de la situation, plutôt que des phrases vagues ou des généralités comme « maman perd la mémoire ».

L'idéal reste quand même que cette démarche soit effectuée en famille, et uniquement dans le cas où une inquiétude réelle requiert l'attention du médecin.

Les questionnements de Marion et Laurence sur la place qu'elles devraient ou non prendre vis-à-vis de leur père et plus largement du couple de leurs parents reviennent régulièrement dans les témoignages et rencontres. Ici, malgré l'agitation, les sœurs partageaient la même analyse et le débat portait donc plutôt sur la forme que devrait prendre leur réaction, mais il arrive que les opinions divergent au sein de la fratrie, en particulier quand l'environnement est plus conflictuel.

Le remariage de leur père avait porté un coup violent à l'entente de Daniel, Guillaume et Sophie. Le premier, de dix ans plus âgé que les deux autres, avait un regard très critique sur la nouvelle épouse âgée seulement de quelques années de plus que lui. Il la jugeait superficielle, plus intéressée par l'argent que par la personne, et avait à peine adressé un mot à son père depuis son remariage, cinq ans auparavant. Le deuxième, à l'inverse, voyait plutôt d'un bon œil le nouveau bonheur de François et ne comprenait pas la dureté de son frère. Leur jeune sœur, enfin, ne savait pas vraiment sur quel pied danser. Elle n'avait pas réellement d'opinion sur Évelyne, ni de lien particulier avec elle. Sa seule préoccupation était le bien-être de son père.

Lorsque celui-ci eut un AVC, qui le laissa en partie paralysé, la famille vola en éclats.

C'est Daniel qui, le premier, prit ce jour-là la parole pour m'expliquer le nœud du problème. Sa belle-mère, lorsqu'il était devenu clair que les séquelles étaient sérieuses, avait décidé rapidement, sans consulter les enfants, de faire admettre leur père en EHPAD. « Elle s'en est débarrassée, et maintenant elle vit tranquille grâce à sa retraite », maugréa-t-il. « Tu es injuste. Qu'était-elle censée faire ? » réagit son frère. « Au moins, nous en parler », suggéra sa sœur.

Guillaume haussa le ton. « Dois-je te rappeler que quand il a eu son accident tu as mis des jours à ne serait-ce que reconnaître ce qui venait de se passer ? Et qu'on n'a pas eu de tes nouvelles pendant trois semaines ensuite ? »

Les yeux de Sophie s'embuèrent, tandis qu'elle balbutiait qu'elle avait eu du mal à sortir du choc initial. Je pris alors un moment pour calmer les choses : chacun réagit à sa manière à l'annonce d'un diagnostic grave. Il est parfaitement impossible d'anticiper la façon dont nous nous comporterons dans ce cas. Certains se révoltent, d'autres se figent ou bien fuient. Ces mécanismes sont humains et bien connus, et le jugement n'a pas ici sa place, aussi compliqué que cela puisse être à admettre.

La conversation continua sur un ton moins brutal. Leur belle-mère aurait-elle dû tenir compte de leur avis, ou a-t-elle eu raison d'agir de la sorte ? Il n'y a sur le fond pas de bonne réponse. J'ignore d'ailleurs les motivations qui l'ont poussée à agir ainsi, et cela ne me regarde pas vraiment. Le manque de communication autour de ce moment aura cependant causé de gros dégâts dans cette famille qui, je l'espère, réussira avec le temps à se reconstruire.

Si la multiplicité des protagonistes peut compliquer la situation, les interrogations sur la juste distance à maintenir vis-à-vis de nos parents existent même dans le cas de tête-à-tête.

Anne est la fille unique de Claudette. Elles ont toujours été proches, et leurs liens se sont encore renforcés après le décès du père. Frêle mais énergique malgré ses 92 ans, la maman s'agitait dans le salon pour nous apporter du thé, refusant catégoriquement toute aide extérieure, à part celle d'une béquille. Quelques mèches s'échappèrent de son chignon lorsqu'elle s'assit enfin avec nous. Anne la regardait en souriant, et la fierté se sentait dans sa voix alors qu'elle me racontait à quel point Claudette était autonome et vive. « Et pourtant Dieu sait que ma fille passe son temps à s'inquiéter pour moi ! » glissa la vieille dame d'un air joueur.

« Bien sûr que je m'inquiète, maman, c'est normal, non ? » répondit Anne, les sourcils froncés.

Elle se tourna vers moi et m'avoua qu'elle avait conscience d'être parfois très protectrice, peut-être un peu trop, mais que depuis quelques années, quand l'état de santé de sa mère leur avait causé à toutes deux une grosse frayeur, elle n'arrivait plus à chasser de son esprit que quelque chose risquait d'arriver. Cependant elle voyait bien que cela énervait régulièrement Claudette !

« Je devrais au moins aller avec elle chez le médecin, qu'en pensez-vous, docteur ? » hasarda-t-elle au détour de la conversation. Je me tournai alors vers sa mère pour lui demander son avis sur la question. Car mon opinion en réalité importe peu ici, et c'est ce que j'ai voulu lui faire comprendre. Il n'y a pas de réponse toute faite, pas de standard. L'inquiétude est tout à fait compréhensible mais elle ne doit pas occulter le fait que le parent est avant tout un adulte ! Et tant qu'une discussion est possible, pour peser le pour et le contre, écouter les points de vue et interrogations respectifs, il est primordial qu'elle ait lieu.

Le même principe s'applique à une autre question qui revient souvent. « Dois-je surveiller les comptes de mon parent pour le protéger d'éventuels abus ? »

S'il est lucide et autonome, parlez-lui-en. Peut-être sera-t-il rassuré de vous avoir en soutien, pour vérifier que tout se passe comme il faut. Peut-être trouvera-t-il au contraire cette idée intrusive.

Mais c'est faire preuve de respect que de prendre le temps d'échanger ensemble. Vous êtes une équipe. Ne l'oubliez jamais.

Comme un ouragan...

C'est dans un parc que j'ai retrouvé Delphine un matin de printemps. Le soleil encore timide se reflétait sur ses traits tirés et rendait sa peau encore plus pâle. Une légère brise se perdait dans l'impressionnante masse de ses cheveux bouclés gris et blancs. Son regard cerné était éteint. Nous décidâmes de nous promener doucement le long de l'étang, car rester assise lui était encore trop douloureux. D'une petite cinquantaine d'années, elle tentait de reprendre pied après qu'une tempête s'était abattue sur sa vie, jusqu'ici tranquille. Son père de 84 ans, qui vivait seul depuis le décès de sa femme, avait lourdement chuté à l'automne, cinq ans auparavant. En surpoids et cardiaque, il était resté jusqu'alors plutôt autonome chez lui, mais n'avait pas pris conscience que sa sensibilité au niveau des pieds diminuait de jour en jour à cause de son diabète. Il avait fini hospitalisé avec une fracture du col du fémur. Après une courte période de rééducation, il fallut réfléchir en urgence à la suite. « Pour mon frère et ma sœur, tous deux mariés avec des enfants, j'ai été l'évidence. Forcément, la célibataire de la famille, en télétravail, que demander de mieux ? Ils n'auraient pas compris que je ne prenne pas papa chez moi. Alors je l'ai fait. »

Sa voix était lente, grave. « On a installé un lit médicalisé dans mon salon. C'est aussi la pièce où je travaille, donc il a fallu réarranger les meubles pour qu'il ne soit pas visible pendant mes réunions en visioconférence ». À partir de ce moment, son quotidien entier fut bouleversé.

En tête-à-tête avec un père dont elle n'avait jamais été très proche, d'humeur très changeante, frustré de sa soudaine dépendance et décidé à le faire savoir, les matins et soirées étaient rythmés par la présence d'aides-soignantes, venant réaliser la toilette et les transferts du lit au fauteuil. Mais au milieu de la journée, c'était elle qui devait, entre deux dossiers, porter son père pour l'aider à accéder aux toilettes car, encore continent, il refusait d'utiliser des protections. Elle avait appris, tant bien que mal, du haut de son mètre cinquante-cinq, à soulever et soutenir les cent dix kilos et le mètre quatre-vingts de Roger. Avait progressivement accepté de remplir son pilulier et de surveiller les modifications de traitement en fonction du résultat des prises de sang hebdomadaires. Cuisinait chaque jour, après avoir passé des heures sur Internet pour savoir ce que son diabète lui permettait ou non de manger. Voyait de moins en moins ses amis.

Les semaines, puis les mois ont passé ainsi. Roger supportait de plus en plus difficilement la solitude. Chaque sortie de sa fille, ne serait-ce que pour aller faire les courses, provoquait des disputes. Delphine fondait comme neige au soleil. Ses grands yeux noirs se creusaient de cernes violets, mais refusaient de se fermer la nuit. Les pensées s'emmêlaient, noires comme cet hiver qui n'en finissait pas, et ne la laissaient pas dormir en paix. Des idées dont elle avait tellement honte, au réveil ! Lorsqu'elle conduisait sur le chemin du retour du supermarché, une question revenait la hanter bien trop souvent : que se passerait-il si je ne tournais pas au virage ?

Elle n'osait pas dire quoi que ce soit à sa sœur, lorsque celle-ci prenait de ses nouvelles. Balayait d'un revers les inquiétudes d'un « ça va » évasif. Personne n'insistait. Ni ses collègues, ni les aides-soignantes, ni sa famille. Le sentiment de culpabilité de ne plus supporter la nudité de son père, les remarques incessantes, le ballet des soignants, la responsabilité de gérer le traitement, la peur de faire une erreur, d'aggraver l'état de santé de son père lui donnait la nausée.

Jusqu'à ce soir de février où, soulevant Roger une fois de trop, elle sentit une douleur lancinante dans le bas de son dos, et un éclair le long de sa jambe. Roger retomba dans son fauteuil tandis que Delphine s'effondrait au sol, en larmes. L'intensité de la douleur et la puissance du soulagement lui faisaient tourner la tête. Un rire profond, nerveux, secoua son corps entre deux sanglots. Un passage aux urgences confirma le diagnostic de hernie discale, compliquée d'une sciatique sévère.

Un mois s'était écoulé depuis ce jour.

« Je me rends compte aujourd'hui que mon dos m'a sauvé la vie. Mon frère et ma sœur sont venus l'une me relayer, l'autre m'emmener à l'hôpital. Mes barrières ont sauté d'un coup. J'ai dit tout ce que j'avais sur le cœur depuis des mois. Au médecin d'abord. À ma famille quelques jours plus tard. Et j'ai dormi. Si vous saviez comme j'ai dormi ! Des jours entiers. Et puis nous nous sommes réunis, et nous avons discuté. Nous avons fait ce que nous aurions dû faire quand tout a commencé. Réfléchir ensemble à la meilleure des solutions. En incluant papa. Parce que nous avons réalisé assez vite qu'en réalité il aurait préféré aller en maison de retraite que de se sentir dépendant de sa propre fille ! Et il n'a pas osé le dire non plus. Nous lui avons trouvé un joli petit établissement, il y est entré la semaine dernière. Il m'a appelée hier pour me dire qu'il avait déjà rencontré des gens très sympas et qu'il attendait avec impatience que je vienne lui rendre visite pour me les présenter. » Son visage se détendit et s'illumina d'un léger sourire à cette idée.

Nous marchions toujours côte à côte sur le petit chemin de terre qui longeait l'étang. « Je réalise que cela aurait pu finir beaucoup plus mal. J'aurais dû parler à un médecin bien plus tôt... Ne pas attendre de craquer pour ça... J'avais honte, vous savez ? Je me disais que je n'étais décidément pas bonne à grand-chose, si je craquais aussi vite, pour ça. Tellement de gens traversent pire... Mais j'avais tort, je m'en rends compte aujourd'hui. C'est important de consulter quand on se sent sombrer. Peu importe la raison. Vous en parlerez, docteur ? » Promis.

Au-delà de cette promesse faite à Delphine, je tiens à travers ces pages à vous dire qu'il n'y a aucune honte à se sentir en difficulté lorsque l'on est aidant de ses parents, peu importe que cela dure depuis deux semaines, deux mois, deux ans ou encore plus longtemps.

Je sais à quel point le sentiment de culpabilité peut être vertigineux, bruyant, encombrant. L'impression d'échec, de ne jamais faire assez, être assez, est là parce que vous aimez. Fort. De tout votre cœur. Parce que vous souhaitez le meilleur à votre parent. Parce que vous vous inquiétez sincèrement de ce qui pourrait lui arriver si vous n'êtes pas là. C'est humain. Ne vous sentez pas coupable de vous sentir coupable... Mais le fait de ressentir ces émotions ne veut pas dire qu'elles sont fondées. C'est bien souvent l'inverse. Votre sentiment de culpabilité mérite votre indulgence, votre tendresse. Tout comme vous. Vous faites de votre mieux. Ne soyez pas trop dur envers vous-même.

Sur un fil

Si tous les aidants ne se retrouvent heureusement pas face à une situation aussi préoccupante que Delphine, il est quand même assez fréquent que certains moments soient particulièrement lourds sur leurs épaules.

La question m'est souvent posée : où se trouve la frontière ? Comment savoir si on en fait trop ?

Il n'y a pas de mesure qui permette de répondre. Nous avons tous nos propres capacités, possibilités, limites et aucune situation n'est réellement comparable à une autre, même à pathologie équivalente. Il n'est cependant pas toujours simple de réussir à prendre assez de recul pour évaluer l'endroit où l'on se situe. Et même en en discutant avec un professionnel de santé, il arrive que l'absence d'éléments objectivables rende complexe la bonne compréhension de ce que vous êtes en train de vivre.

Il existe un outil qui tente de poser des mots, et même un score, sur votre quotidien. Dire qu'il est loin d'être parfait est un euphémisme. Les questions sont crues, brutales. Il est extrêmement compliqué d'y répondre. Mais il a un mérite. Il existe.

Cet outil s'appelle l'échelle de Zarit. Elle est composée de vingt-deux questions. On y répond en graduant la fréquence à laquelle les événements décrits nous arrivent, puis en additionnant le score total.

En théorie, le nombre obtenu doit nous orienter sur la sévérité de la charge mentale de l'aidant qui la remplit.

Dans les faits, le score n'est pas à mes yeux le plus important. Vous savez au fond de vous ce qu'il en est. Mais peut-être n'être vous pas prêt à l'admettre. Guettez votre réaction en lisant votre résultat. Êtes-vous surpris ? Le trouvez-vous plus bas que vous ne le pensiez ? Ou au contraire, plus haut ? Utilisez les questions pour prendre le temps de réfléchir, d'évaluer certains aspects de votre quotidien. Saisissez-vous de quelques phrases pour initier des conversations, avec vos proches, avec votre médecin. Si vous le souhaitez, emportez l'échelle et vos résultats en consultation avec vous. Vous pourrez ainsi pointer du doigt de manière plus précise certaines problématiques.

Mais surtout prenez votre temps quand vous découvrirez les questions. Certains aidants à qui j'ai transmis cette échelle ont mis plusieurs semaines à y répondre. C'était nécessaire pour eux, et cela le sera peut-être pour vous.

Répondre en quelques minutes n'a aucun intérêt si vous n'êtes pas honnête envers vous-même. La véritable plus-value de cette échelle est là. Si vous pensez avoir besoin de ne pas être seul pour la remplir, faites-le avec une personne de confiance. Sinon, isolez-vous. Dans tous les cas, réservez cette échelle à un moment éloigné de la frénésie quotidienne.

Échelle de Zarit

Il n'y a pas de bonne ou de mauvaise réponse. Pour chaque question, indiquez à quelle fréquence il vous arrive de vous sentir ainsi : jamais, rarement, quelquefois, assez souvent, presque toujours (0 = jamais ; 4 = presque toujours).

À quelle fréquence vous arrive-t-il de...

Sentir que votre parent vous demande plus d'aide qu'il n'en a besoin ? 0 1 2 3 4
Sentir que le temps consacré à votre parent ne vous en laisse pas assez pour vous ? 0 1 2 3 4
Vous sentir tiraillé entre les soins à votre parent et vos autres responsabilités (familiales ou de travail) ? 0 1 2 3 4
Vous sentir embarrassé par les comportements de votre parent ? 0 1 2 3 4
Vous sentir en colère quand vous êtes en présence de votre parent ? 0 1 2 3 4

Sentir que votre parent nuit à vos relations avec d'autres membres de la famille ou des amis ? 0 1 2 3 4

Avoir peur de ce que l'avenir réserve à votre parent ? 0 1 2 3 4

Sentir que votre parent est dépendant de vous ? 0 1 2 3 4

Vous sentir tendu en présence de votre parent ? 0 1 2 3 4

Sentir que votre santé s'est détériorée à cause de votre implication auprès de votre parent ? 0 1 2 3 4

Sentir que vous n'avez pas autant d'intimité que vous aimeriez à cause de votre parent ? 0 1 2 3 4

Sentir que votre vie sociale s'est détériorée du fait que vous prenez soin de votre parent ? 0 1 2 3 4

Vous sentir mal à l'aise de recevoir des amis à cause de votre parent ? 0 1 2 3 4

Sentir que votre parent semble s'attendre à ce que vous preniez soin de lui comme si vous étiez la seule personne sur qui il puisse compter ? 0 1 2 3 4

Sentir que vous n'avez pas assez d'argent pour prendre soin de votre parent encore longtemps compte tenu de vos autres dépenses ? 0 1 2 3 4

Sentir que vous ne serez plus capable de prendre soin de votre parent encore longtemps ? 0 1 2 3 4

Sentir que vous avez perdu le contrôle de votre vie depuis la maladie de votre parent ? 0 1 2 3 4

Souhaiter pouvoir laisser le soin de votre parent à quelqu'un d'autre ? 0 1 2 3 4

Sentir que vous ne savez pas trop quoi faire pour votre parent ? 0 1 2 3 4

Sentir que vous devriez en faire plus pour votre parent ? 0 1 2 3 4

Sentir que vous pourriez donner de meilleurs soins à votre parent ? 0 1 2 3 4

En fin de compte, à quelle fréquence vous arrive-t-il de sentir que les soins à votre parent sont une charge, un fardeau ? 0 1 2 3 4

Calculez maintenant le total en additionnant les scores obtenus à chaque question.

Le score total varie de 0 à 88.

Interprétation :

Score inférieur ou égal à 20 : charge faible ou nulle.

Score entre 21 et 40 : charge légère.

Score entre 41 et 60 : charge modérée.

Score supérieur à 61 : charge lourde.

Je vous invite encore une fois à ne pas forcément prendre au pied de la lettre le nombre obtenu. En particulier s'il vous indique une charge faible ou nulle, alors que vous vous savez stressé, fatigué, tendu. Voyez cette échelle telle qu'elle est vraiment. Un outil qui est là pour vous faire réfléchir. Pas pour juger de ce que vous vivez.

Où sont passées ces années ?

Cette question, Sylvie se la posait régulièrement en repensant à sa mère. Elle était morte depuis trois ans déjà, mais le souvenir de sa longue descente aux enfers était encore vif pour sa fille. Avec la maladie de Parkinson diagnostiquée à 71 ans, Denise avait passé près de dix ans à se débattre et à résister aux assauts de cette pathologie dont tout le monde connaît le nom mais si peu l'impact.

C'est main dans la main que toutes deux avaient choisi de traverser cette dernière épreuve. Tout juste divorcée, mère de deux adultes indépendants, Sylvie avait emménagé avec sa maman quelques mois après le diagnostic pour être à ses côtés. Ensemble, elles avaient apprivoisé les tremblements, la lenteur de certains mouvements, la rigidité qui s'invite dans le quotidien. Les rendez-vous s'enchaînaient, mais les deux femmes les affrontaient un par un.

Les premiers traitements fonctionnèrent plutôt bien, suffisamment pour que le moral reste bon. Ils leur laissèrent assez de temps pour aménager entièrement la maison, afin de faciliter la vie de Denise. Sylvie dévorait sites Internet, livres, dépliants... tout ce qui pouvait lui en apprendre plus sur cette maladie qui gagnait doucement mais trop sûrement le corps de sa maman. Elle prit en main d'abord l'organisation des soins, puis une partie d'entre eux. Rien ne devait être laissé au hasard, les enjeux étaient trop importants.

Le coup porté par l'apparition tant redoutée des effets secondaires des traitements fut rude pour Sylvie, qui refusait d'accepter l'inexorable progression vers une fin qu'elle n'était pas prête à voir venir. Elle ne quittait désormais plus l'appartement de sa mère que pour un minimum de temps, et toujours avec l'angoisse que quelque chose n'arrive pendant son absence.

Ses deux enfants la regardaient s'épuiser, impuissants. Ils avaient pourtant proposé à maintes reprises de prendre le relais le temps d'une soirée, d'un week-end, pour qu'elle puisse enfin relâcher la pression, se changer les idées. Mais Sylvie avait toujours rejeté leurs propositions.

Denise, témoin elle aussi de la fatigue de sa fille, lui avait également demandé de prendre soin d'elle et de se reposer un peu. Elle avait tenté de la rassurer, rien n'arriverait en quelques jours ! C'était peine perdue. Ses dernières forces iraient dans la bataille.

Deux ans passèrent encore avant que la maladie ne l'emporte.

Sylvie regarde aujourd'hui cette période avec un mélange de douceur et d'amertume. Avec le recul, me racontera-t-elle, peut-être aurait-elle fait les choses différemment.

« Je me rends compte que j'étais dans une lutte, une course effrénée contre la maladie, la mort. J'avais besoin de sentir que je contrôlais chacun des paramètres, sans la moindre exception. Je ne pouvais pas me permettre de m'arrêter de courir, de laisser le temps me rattraper. Parkinson était devenue mon obsession. Mes enfants ont essayé de me sortir de là. De faire en sorte que je me vide la tête, que j'oublie ne serait-ce que l'espace d'une journée la maladie. C'était peine perdue. Et pourtant, cela m'aurait fait tellement de bien ! Mais non. Je lisais compulsivement tout ce que je trouvais sur le sujet. Je passais mon temps à chercher de nouvelles solutions techniques pour améliorer le quotidien, de nouveaux médicaments qui seraient en test. Je guettais la littérature scientifique. Je crois que j'ai fini par connaître les molécules et leurs effets secondaires mieux que les médecins. Et ça, je ne le regrette pas. Par contre... J'avais aussi énormément de mal à faire confiance aux soignants. À les laisser ne serait-ce que faire la toilette de maman. J'étais là, c'était ma mère, je le ferais forcément mieux, vous comprenez ? Je ne me suis pas arrêtée un instant pour me demander si c'était ce qu'elle souhaitait vraiment, ni si j'étais réellement prête à le faire. J'ai foncé tête baissée. Trois ans après sa mort, je fais encore parfois des cauchemars où je revois ces moments, son intimité, sa douleur certaines fois. J'aurais dû les laisser faire. J'ai dépassé mes limites sans vraiment le réaliser et je le regrette vraiment aujourd'hui.

Le plus triste, c'est que lorsque je repense à nos dernières années ensemble, les seuls souvenirs qui me viennent sont liés à la maladie, à ses soins. Je crois qu'à la fin je ne voyais plus que ça. Plus ma maman, mais Parkinson. Des symptômes qu'il fallait prendre en charge. Je ne me rappelle pas nos derniers fous rires, la dernière fois où je lui ai dit que je l'aimais. Par contre, je connais encore par cœur la posologie de ses médicaments. J'ai en quelque sorte enfilé une blouse le jour où elle est tombée malade, et je n'ai pas su l'enlever à temps. C'est mon plus gros regret. J'aurais voulu avec le recul être plus sa fille, moins son infirmière. J'espère qu'elle le sait... »

Je suis intimement persuadée que Denise voyait Sylvie telle qu'elle était. Son enfant. Terrifiée à l'idée de la perdre. Mais j'ai trop souvent entendu ces mots pour ne pas vous en parler aujourd'hui. Il n'y a bien sûr rien de mal à s'investir dans la prise en charge de son parent. Chacun fait comme il le peut et comme il le souhaite. Mais soigner est une activité à part entière, qui requiert du recul et du temps. En particulier quand les heures défilent trop vite, le moment arrive de reposer cette blouse que l'on a endossée sans l'avoir vraiment décidé. Il est temps de partager des instants, des éclats de rire, des larmes, des histoires qui resteront au chaud dans le fond de votre cœur jusqu'à ce que vos propres derniers moments arrivent. Vous seul savez quoi faire. Si soigner est votre façon de montrer votre affection, alors n'arrêtez pas. Mais ne vous laissez pas guider par votre peur. La seule chose que l'on ne regrette jamais, c'est d'avoir aimé.

La délicate coexistence avec le monde du travail

Jongler au quotidien avec différentes casquettes requiert parfois des capacités d'équilibriste hors du commun. Une frange des aidants a d'ailleurs hérité d'un surnom : la génération sandwich. Bien que peu valorisante, cette dénomination a le mérite d'illustrer assez clairement la situation de ces personnes, souvent des femmes, prises entre leurs enfants, leur travail et le soin qu'elles apportent à leurs parents vieillissants.

La gestion de l'équilibre entre vie personnelle et vie professionnelle agite depuis longtemps les débats dans le monde de l'entreprise et commence à faire des émules du côté des politiques. Pendant de trop longues années on s'est cependant, à mes yeux, uniquement concentré sur la question des enfants. Non que ce sujet ne soit pas important, au contraire, mais il est temps de prendre conscience qu'exclure une partie du quotidien de très nombreux travailleurs (car les employés ne sont pas les seuls concernés, loin de là) ne résoudra pas le problème.

Prendre soin de ses parents nécessite de réussir à se rendre disponible, parfois rapidement. Et ce même durant la journée. Dominique, aidant de sa mère et de son frère, raconte parfaitement cette difficulté. « Quand je reçois une information sur mon téléphone qui me dit que maman ne va pas trop bien, qu'il va falloir l'emmener chez le médecin ou qu'il faut prendre un rendez-vous, forcément c'est un peu perturbant. Quand on est proche aidant, cette proximité, cet affect nous oblige, et donc quand il y a besoin de réactivité nous sommes pris entre deux feux... Entre le désir de trouver une solution pour pallier l'aléa qui arrive et en même temps, de l'autre côté, le cadre professionnel où on est pris par le quotidien, par des objectifs, des ambitions. J'ai parfois besoin de cinq minutes pour m'isoler, pour passer un coup de fil à la maison médicale, trouver rapidement quoi faire. J'ai besoin de ces cinq minutes. Et ce n'est pas toujours bien vu, bien compris qu'on puisse avoir besoin toutes affaires cessantes, au milieu de la journée, de prendre cinq minutes, pas forcément plus, mais de manière immédiate. Cette cohabitation entre aidance et milieu professionnel n'est pas toujours simple, il y a des progrès à faire. »

Et c'est d'autant plus compliqué lorsque personne ne sait ce que vous vivez. J'ai conscience qu'il n'est pas toujours simple de parler de sa vie personnelle au travail. Certains craignent d'être jugés, de perdre des dossiers importants ou même de passer à côté de promotions. C'est un risque, je ne le nie pas. Si vous êtes dans ce cas, je vous invite cependant à réfléchir aux éléments qui vous font penser que c'est ce type de réaction que vous pourriez rencontrer. Est-ce votre peur qui parle, ou des faits dont vous avez été témoin ? Dans le second cas, vous sentez-vous vraiment épanoui dans votre emploi, trouvez-vous que votre entreprise prend sérieusement en compte vos besoins et votre bien-être ? Vous seul avez la réponse...

Et si vous considérez que la barrière entre votre vie personnelle et professionnelle doit absolument être protégée, à quel prix ?

Lorsque j'ai rencontré Corinne, elle m'a expliqué avoir longtemps tenu cette ligne. Il lui paraissait parfaitement déplacé de parler de l'état de santé de sa maman au boulot, que ce soit à sa cheffe ou même à ses collègues. Assistante administrative de 41 ans, cette mère de deux enfants cumulait pourtant plusieurs vies en une. Après avoir déposé ses enfants à l'école, elle passait quelques instants au domicile de Marguerite pour vérifier que tout allait bien et que ses médicaments étaient bien pris. Elle partait ensuite travailler, jusqu'à 18 heures. Son mari se chargeait de récupérer les enfants, alors qu'elle retournait chez sa maman pour lui porter quelques courses, l'aider à préparer le dîner. Puis lorsqu'elle rentrait chez elle, épuisée, sa soirée, comme celle de tant de parents, consistait à gérer avec son mari l'enchaînement des devoirs, du bain, du dîner et du coucher... Et cette routine qu'elle me décrivait n'incluait pas les urgences, les rendez-vous médicaux, l'aide pour l'administratif... dont elle s'occupait en plus de tout le reste. Corinne refusait pourtant de dire à ses collègues les raisons de sa fatigue de plus en plus évidente, de ces moments où elle semblait absente alors qu'elle était bien là, de ces pauses soudaines lors desquelles elle s'éclipsait discrètement et revenait parfois avec l'air inquiet. Et puis un jour, son corps a dit stop. Cela prit la forme d'une pneumonie, qui mit plusieurs semaines à passer. Et lui permit de comprendre qu'elle était allée trop loin, mais surtout, trop seule.

À son retour au bureau, elle décida qu'il était temps de parler. À sa supérieure, d'abord. À ses collègues ensuite. Tous prirent le temps de l'écouter. Certains comprirent, d'autres pas vraiment. Mais ce n'était pas le plus important. Ensemble, ils réfléchirent à des changements concrets qui lui faciliteraient la vie. Dans son cas, la possibilité de plus de flexibilité dans ses horaires et deux jours de télétravail. Mais surtout, elle gagna le soutien de ses collègues, quelques oreilles attentives et bienveillantes à qui parler, et découvrit par la même occasion qu'elle n'était en réalité pas la seule à traverser cela dans son équipe.

Et ce n'est pas étonnant ! Même si beaucoup le gardent encore pour eux, prendre soin d'un parent âgé est le quotidien de millions de personnes en France. En 2008, la Direction de la recherche, des études, de l'évaluation et des statistiques estimait que 4,3 millions de Français s'occupaient d'un parent de plus de 60 ans[2]. Et si on élargit à la question de prendre soin d'un proche malade, âgé ou handicapé de manière générale, le chiffre bondit à 11 millions ! Vous n'êtes donc pas seul, loin de là.

Parler de ce que vous vivez a plusieurs avantages.

Cela évitera tout d'abord que vous vous retrouviez face à une urgence sans que personne sache quoi faire. Cela permettra également à votre employeur de comprendre plus facilement vos réactions, mais aussi pourquoi il vous est parfois compliqué de vous absenter quelques jours pour aller en formation ou en séminaire d'entreprise. Et vous serez peut-être surpris de l'entendre vous proposer des solutions auxquelles vous n'auriez pas forcément spontanément pensé. Certains lieux de travail mettent par exemple à disposition des psychologues ou des assistantes sociales pour soutenir les salariés.

Alors parler oui, mais à qui ? Et dans quel ordre ?

Cela n'a pas forcément d'importance. Faites ce qui vous met à l'aise.

Julia a par exemple abordé le sujet graduellement. « La première personne à qui j'en ai parlé était ma manager directe, cela me paraissait indispensable car elle voyait bien que parfois j'étais dans des états impossibles. Je le lui ai dit assez rapidement. Et puis j'en ai discuté avec certains collègues avec qui je m'entendais bien. Par contre, je ne l'ai pas évoqué avec le grand patron avant d'avoir à demander mon passage à 80 %. Il a d'ailleurs été très compréhensif. »

Vous pouvez également rencontrer le médecin du travail, si vous en ressentez la nécessité. Mais avant d'entamer la conversation avec votre supérieur, prenez le temps de réfléchir à certains aspects importants : tout d'abord, faites le point sur ce dont vous auriez réellement besoin pour faciliter votre quotidien. Les solutions des uns ne conviennent pas forcément aux autres. Souhaiteriez-vous des horaires plus flexibles, la possibilité d'arriver plus tôt, plus tard ? Le télétravail peut-il être un avantage pour vous ou cette formule ne vous conviendrait-elle absolument pas ?

Anticipez ensuite les scénarios les plus susceptibles d'avoir lieu, en fonction de votre quotidien d'aidant. Accompagner votre parent chez le médecin ? Devoir répondre aux appels des aides à domicile ? Partir soudainement en cas d'urgence ?

Cela vous permettra de réfléchir d'abord de votre côté, puis avec votre supérieur, aux moyens les plus efficaces pour que chacun de vous puisse réagir et s'adapter dans ces situations. Il est impossible de prévoir toutes les urgences, mais on peut cependant imaginer la mise en place de systèmes et stratégies en équipe pour faire face aux imprévus.

Enfin, soyez honnête vis-à-vis de vous-même quant à la quantité de travail que vous pouvez gérer de façon réaliste. Bien sûr, cela évoluera avec le temps, et en fonction de l'état de santé de votre parent, mais ne tentez pas de repousser vos limites dans tous les domaines... Vous en faites déjà beaucoup !

Si votre employeur reste inflexible devant vos explications, et qu'il devient vraiment difficile pour vous de concilier votre emploi et votre rôle auprès de votre proche... peut-être est-il temps de changer de poste. Je sais que vous êtes déjà stressé et que vous n'avez pas forcément envie ni besoin de cela. Cependant, cela vaut au moins la peine de l'envisager. Un nombre grandissant d'entreprises se montrent compréhensives et ouvertes, et ne pas avoir à lutter chaque jour au travail aura un impact sur votre vie loin d'être négligeable. Gardez l'idée dans un petit coin de votre tête, si vous ne vous sentez pas prêt à sauter le pas.

Et que dire dans ce cas, lors d'un entretien d'embauche ? Faut-il admettre être aidant d'un de ses parents ? Sarah Zitouni, coach carrière, féministe et autrice de *Tout vouloir, tout avoir*[3] a un avis bien tranché sur la question, que je partage entièrement. « Une tentation commune, renforcée par des conseils que je vois parfois circuler sur Internet est de mentir. Je ne suis pas favorable à cette idée pour deux raisons. La première, c'est que l'entretien d'embauche n'est pas la fin de la route, c'est même plutôt le début d'une relation. Et il est très délicat de commencer une relation saine sur un mensonge surtout conséquent pour vous. La deuxième raison, c'est que l'aidance n'est pas une tare, vous n'avez rien fait de mal qui devrait vous forcer à vous cacher, bien au contraire. » Me Julia Peyre, avocate en droit du travail et des salariés aidants, considère elle aussi qu'il est « préférable d'être transparent, afin de créer une relation de confiance ».

De plus, quel est l'intérêt de quitter un emploi dans lequel le soutien dont vous avez besoin et que vous méritez ne vous est pas apporté, pour un autre, à l'aveugle, sans savoir ce qu'il en sera ?

Peut-être avez-vous peur que cela soit un frein pour vous. C'est possible. Mais si une entreprise est effrayée par votre rôle d'aidant, il vaut mieux pour vous que vous le sachiez avant d'y mettre les pieds ! Vous méritez mieux que cela !

Avez-vous conscience des qualités, des compétences que vous avez acquises en vous occupant de votre parent ? Dominique en parle très bien. « Les aidants, ce sont des gens qui me bluffent, qui prennent de la hauteur, qui gèrent plusieurs actions en même temps, et les capacités qu'ils ont su développer dans leur noyau familial, ils les mettent à profit dans leur milieu professionnel. » Avis partagé par Sarah Zitouni : « Vous pouvez mettre en avant votre excellent sens de l'organisation, votre capacité à gérer les imprévus, à faire face à des demandes client inattendues et des besoins toujours nouveaux. Vous savez aussi gérer la trésorerie et l'administratif : des compétences qui sont valorisées, de la chefferie de projet à l'assistance commerciale. Dans une France qui vieillit de plus en plus, votre compréhension de vos parents peut aussi être un atout pour les nombreuses entreprises qui cherchent à entrer dans la "silver economy" ».

Me Peyre ajoute : « il est essentiel que les aidants apprennent à valoriser cette expérience de vie, à en parler avec force, et sans honte. »

Osez vous mettre en avant. N'hésitez pas à illustrer clairement ce que vous faites, au quotidien, à l'année ! Gestion d'un budget, lobbying auprès des équipes soignantes ou de l'administration, coordination des soins, dossiers conséquents remplis en temps et en heure... Cela peut aider quelqu'un qui ne connaît pas bien cette réalité à visualiser les compétences que vous avez acquises !

Oui, vous occuper de votre parent impactera parfois votre travail, votre organisation. Mais c'est aussi et surtout une magnifique école de la vie, et n'importe quel employeur serait chanceux de vous avoir dans son équipe. Soyez fier de vous, vous en avez tous les droits !

Avoir un emploi représente pour beaucoup d'aidants une bouffée d'air frais, un changement d'idées bienvenu dans un quotidien qui sinon graviterait trop souvent autour des soins, de la maladie. Il arrive cependant que l'envie d'être aux côtés de son parent prenne le dessus. Il n'y a rien de mal à cela. Ne vous privez pas de suivre votre instinct par crainte d'un trou dans un curriculum vitae, ou du regard de potentiels futurs employeurs. Il n'y a aucune honte à s'arrêter pour prendre soin de quelqu'un que l'on aime. La priorité est de faire ce qui vous semble, à vous et à vous seul, le plus important.

Cela peut prendre la forme d'une baisse progressive du temps de travail. D'un passage en freelance si votre domaine vous le permet. D'une négociation, voire d'une démission pure et simple. Vous trouverez la solution qui vous correspond.

Parfois, la vie n'attend pas.

5

Quand l'esprit s'en mêle

Dans un univers parallèle...

... Quel est ce bruit ? La porte d'entrée ? Je n'attends personne. Quelle heure est-il ? Il fait nuit noire dans ma chambre. Des pas sur le carrelage. Ils se rapprochent. Je cherche à tâtons le fil de ma lampe de chevet. De plus en plus près. Je m'emmêle dans mes draps. Où est cette fichue lampe ? Je sens mon cœur s'accélérer. Ai-je au moins de quoi me défendre ? La poignée en porcelaine cliquette. Il est là. Mieux vaut rester immobile. Peut-être partira-t-il. Non, il entre. Je l'entends, je le sens. La lumière s'allume d'un coup. Nos regards se croisent. Il y a un homme dans ma chambre. Pourquoi ? Qui est-ce ? Que veut-il ? Faites qu'il sorte, qu'il parte. Que va-t-il me faire ? Pourquoi Henri n'a-t-il rien entendu ? Il est pourtant passé devant sa chambre. Je n'ai jamais autant regretté qu'à ce moment d'avoir décidé de faire chambre à part avec mon mari à cause de ses ronflements. L'homme s'approche avec un sourire. Non... Non... Je veux crier mais ma voix reste coincée dans ma poitrine. Je me sens tellement impuissante. Il est bien plus jeune et fort que moi. Il s'avance encore. Je serre mes draps contre moi de toutes mes forces. Je lutte pour garder mes larmes. Pas question de lui laisser percevoir une faiblesse. Je vois sa mâchoire se contracter, ses sourcils se froncer. Son regard est noir. Et triste ? Ce n'est pas le moment de se relâcher. Pourquoi Henri ne réagit-il pas ? L'homme est maintenant au pied de mon lit. Tellement proche. Je sens son odeur. Pourquoi moi ? Il s'assied sur le lit ! C'est décidé, je hurle. Henri ! Henri ! Où es-tu ? Aide-moi ! Henri ! Il y a un homme dans ma chambre ! Un homme sur mon lit ! Mes poumons déversent ma peur à plein volume. L'homme tente de poser sa main sur mon bras. Je me débats. Agrippe les draps. Laissez-moi, laissez-moi, Henri, à l'aide !

Maman, c'est moi. Thierry. Je suis ton fils. Tu ne me reconnais pas ? Je suis venu pour t'aider à faire ta toilette.

Mais que raconte-t-il ? Mon fils a 5 ans. Qui est cet homme insensé sur mon lit ? Attendez. Ma toilette ? Pas question de me laisser toucher. Jamais. Je redouble de cris. Henri ! Henri ! Un homme veut m'agresser ! Pourquoi ne vient-il pas ? Henri... Les larmes roulent cette fois sur mes joues. Tant pis. Ne me touchez pas. Ne m'approchez pas. Je vous en prie. Laissez-moi. Je supplie pour ma vie. L'homme a un geste de recul. Je me fige. Il me regarde. Je le dévisage. Que c'est étrange. On dirait qu'il va pleurer lui aussi. Que fait-il ? Il recule, victoire ! Henri, Henri, il s'en va, enfin ! Où es-tu mon chéri, viens vite. La porte se referme. C'est la fin du cauchemar, Henri...

... Que tu es belle, mon ange. Il a l'air de te plaire, ce garçon. Je suis heureuse que tu m'aies demandé de l'aide pour tes cheveux. Il est temps que tu en prennes soin. J'aime te voir rire comme ça, tu as les joues qui rougissent quand tu parles de lui. Tu n'as pas l'air convaincue par mes bigoudis mais, tu verras, il n'y a rien de tel. Arrête de gigoter sur ta chaise. Je dois rester concentrée, chaque mèche à sa place. Tu verras, tu seras fière de moi. J'espère que tu n'as pas froid avec le cou à l'air et les cheveux mouillés. Je me dépêche, je te le promets.

J'ai gardé le coup de main, pour mon âge. J'enroule, je pique, j'enroule, je pique, j'enroule, je pique. « Aïe, mamie, ça tire ! » Mamie ? Je ne relève pas. Je préfère te raconter ma rencontre avec mon Henri. Peut-être que ton rendez-vous se passera de la même manière. Je te le souhaite. Je n'oublierai jamais ce moment. Pourquoi cette tristesse dans tes yeux en entendant cette phrase ? Ça y est, les bigoudis sont en place. Il est temps de brancher le casque. Tu es mignonne d'insister pour le faire à ma place. Je sais ce que je fais. Tu préfères t'en charger, d'accord. Tu glisses ta tête dans l'appareil et ta main dans la mienne. Je t'aime tellement, mon ange. J'aime nos moments à deux. Ton regard doux, ton sourire. On devrait faire tes cheveux plus souvent. Tu serres ma main plus fort. Nous le faisons chaque semaine. Chaque semaine ? Si seulement ! Voyons, ne fronce pas les sourcils ou tu auras des rides. Qu'ai-je dit pour te faire de la peine ? « Rien, ne t'inquiète pas, mamie. » Mamie ?

J'aimerais tellement le devenir un jour. Peut-être que ce soir tu embrasseras le futur père de tes enfants. Et de mes petits-enfants. Il me plaît bien, ce Jacques. J'espère qu'il te rendra heureuse. « Philippe, mamie. Jacques, c'est papa. » Je ne comprends pas ce que tu dis. Ce n'est pas grave. Ta main dans la mienne vaut plus que tous les mots du monde. Je t'aime tellement, mon ange...

... C'est ton anniversaire aujourd'hui, mon Henri. Je vais te faire ce gâteau que tu aimes tant. Il me manque des ingrédients. Je vais passer à l'épicerie. Tout sera prêt avant que tu rentres. J'ai hâte que tu le goûtes. Et si je mettais un peu de fleur d'oranger cette fois ? Où est mon manteau ? Oui, de la fleur d'oranger, je suis sûre que tu aimerais ça. Avec le chocolat, cela sera parfait. Il ne fait pas chaud aujourd'hui. Que me manque-t-il ? Ah, oui. Des œufs. De la farine. Et si j'ajoutais de la fleur d'oranger ? Oh oui, quelle bonne idée. Tiens, l'épicerie a changé d'endroit ? Quelle poisse ! Il me faut des œufs pour ton gâteau. Peut-être un peu plus loin. C'est étrange, le quartier a l'air différent. Et si j'ajoutais de la fleur d'oranger ? Je commence à avoir froid. J'aurais dû me couvrir plus avant de sortir. Tant pis. Des œufs, de la farine. Où suis-je ? Je ne reconnais plus les rues. J'ai dû aller trop loin. En prenant par la droite, je devrais revenir rapidement vers la maison. Est-ce que j'ai du chocolat au fait ? Je ferais peut-être bien d'en reprendre. Tu vas te régaler, mon Henri. Le jour baisse vite en ce moment. Je ne vois toujours pas ma rue. Ni l'épicerie. Il faut que je me dépêche, je ne veux pas te faire attendre ! Tiens, cette femme me dit quelque chose. Pourquoi court-elle vers moi ? Qui est cet homme avec elle ? Oh. Pourquoi cette embrassade, que se passe-t-il ? Qui es-tu ? Tu pleures, pourquoi ? Je connais ton parfum. Je me sens bien dans tes bras. Pourquoi l'homme à tes côtés crie-t-il ? Je ne peux pas rentrer tout de suite, je dois finir mes courses pour le gâteau d'anniversaire d'Henri. « Mais enfin, il est mort depuis cinq ans, combien de temps cela va-t-il durer ? » Les mots de l'inconnu me coupent le souffle. De qui parle-t-il ? Pas de mon Henri. Je l'ai vu encore ce matin. Tu le foudroies du regard. Tu as raison. Il dit n'importe quoi. Pourquoi lui hurles-tu qu'il est inutile de me dire ça ? Que veux-tu dire ? Ma tête tourne. J'ai froid. Je n'entends plus ce que vous dites. Des œufs, de la farine. Tu poses un manteau sur mes épaules. Il continue à crier. Il délire. Pourquoi affirme-t-il que je suis sortie en pyjama ? Pour qui me prend-il ? Tu m'attrapes le bras pour me forcer à avancer. Je ne peux pas rentrer maintenant. Je le retire d'un coup sec. Heurte ton visage. Vous vous figez tous les deux. Où est l'épicerie ? Je dois faire les courses pour le gâteau de mon Henri. C'est son anniversaire, tu sais...

J'ai choisi de passer par la fiction dans ces quelques pages pour vous faire partager une réalité qui nous est étrangère. Celle des patients atteints de démence avancée. Dans ce cas, de la maladie d'Alzheimer. Nous sommes souvent démunis, face à des réactions, des comportements que nous ne comprenons pas. Par ces mots, j'ai voulu vous dire que tout ne s'efface pas complètement, et certainement pas d'un coup. Que derrière l'agressivité, la violence peuvent se cacher la peur, la frustration. Que le plaisir et l'amour peuvent exister longtemps après que les mots et les souvenirs ont disparu. Qu'aussi dur que cela soit, voir l'autre tel qu'il est, chercher à le comprendre, à le rassurer, n'est jamais aussi important que lorsqu'il souffre d'une démence.

Démence : dans l'œil du cyclone

Chaque maladie a ses défis, ses challenges. Les démences ne font pas exception. Elles sont pourtant particulièrement redoutées, parce qu'elles s'attaquent au corps, mais surtout à l'esprit. À ce qui fait de nous ce que nous sommes, qui nous sommes. Qu'elles arrachent pièce par pièce des morceaux de nous.

Chaque étape contient son lot d'obstacles. Parfois le diagnostic est rapidement posé, mais dans d'autres cas, un parcours du combattant commence. Danièle, dont la mère a été diagnostiquée il y a quinze ans maintenant, raconte le cheminement, pas forcément évident, jusqu'à la consultation mémoire. « À la suite d'une hospitalisation pour une chute, je me suis rendu compte que maman ne voulait plus parler au corps médical sans que je sois là pour valider ce qu'elle disait. On aurait dit une enfant qui demandait l'approbation des adultes. Je me suis dit qu'il y avait un problème. Je n'étais pas dans le déni, j'avais perçu des choses. Je ne suis pas médecin mais j'avais bien vu que quelque chose n'allait pas. Je me suis même demandé à un moment donné si ma mère buvait. Je me suis dit que soit elle avait un souci de santé, soit elle buvait en cachette. Je me souviens d'avoir retiré toutes les bouteilles de la cave pour voir si c'était ça. Et comme son comportement n'avait pas changé, j'ai compris qu'il fallait une consultation mémoire. Quand j'y repense maintenant... Tu te tortures l'esprit, tu ne comprends pas, tu vois tellement de signaux que le médecin traitant ne voit pas forcément, quand il consulte, il n'a pas toujours le temps de voir, et parfois devant lui ça va encore bien. »

Dans le cas de la mère de Julia, c'est une autre maladie qui a retardé le diagnostic. « La difficulté c'est que c'est d'abord une dépression qui a été diagnostiquée. On a mis beaucoup de temps à reconnaître la maladie d'Alzheimer, à cause de ça, parce qu'il a été considéré que peut-être les tests de mémoire qui étaient réalisés en parallèle étaient altérés à cause de la dépression. Le vrai diagnostic a fini par tomber après quelques années. Cela n'a pas été une surprise pour ma sœur et moi, on s'en doutait. »

Et puis parfois, le parent essaye de cacher ses symptômes le plus longtemps possible. C'est ce qui est arrivé à Karine. « Ce que nous avons pris pour une dépression à la suite du décès de notre père s'est transformé en troubles cognitifs de plus en plus sévères, qui ont beaucoup affecté le langage, la communication, l'humeur, la logique... Elle a toujours caché ses difficultés, ce qui a lourdement pesé dans sa prise en charge et dans nos relations. C'est arrivé progressivement, insidieusement, je ne corrélais pas les signes avec une démence, et j'en ai mal interprété certains... J'ai compris que c'était bien plus grave que je ne le pensais quand j'ai constaté qu'elle ne savait en réalité plus écrire, lire ni même signer ! Rien à voir avec la dépression ou la fatigue, comme on s'évertuait à me le dire ! »

Même si c'est rare aujourd'hui, certains aidants comme Danièle m'ont raconté les difficultés à obtenir une information claire de la part des soignants : « Je me suis rendu compte que les médecins avaient compris mais n'avaient pas su ni voulu me le dire. Il faut avoir une parole honnête vis-à-vis des familles. Ce sont les mêmes questionnements que face à d'autres maladies graves comme le cancer : on a besoin de se préparer matériellement, psychologiquement, sur tous les points. Dans mon cas, cela fait longtemps que le diagnostic a été posé. Je pense que les médecins sont plus conscients aujourd'hui de l'importance de parler aux familles. C'était il y a quinze ans déjà. »

Même si nous avons évoqué le secret médical dans un chapitre précédent, je me permets d'ajouter une précision : l'article L.1110-4-V du code de la santé publique français explique qu'« En cas de diagnostic ou de pronostic grave, le secret médical ne s'oppose pas à ce que la famille, les proches de la personne malade ou la personne de confiance définie à l'article L.1111-6 reçoivent les informations nécessaires destinées à leur permettre d'apporter un soutien direct à celle-ci, sauf opposition de sa part. » Si votre proche ne s'est pas opposé à ce que vous soyez informé, cet article de loi peut donc vous aider.

Les démences comme la maladie d'Alzheimer nous poussent dans nos retranchements, obligent à s'adapter. Lorsque j'ai rencontré Brigitte, cinq années avaient passé depuis que son père avait été diagnostiqué. Quelques minutes après que nous nous sommes installées sur la banquette bordeaux d'un café, sa mère, Mireille, nous a rejointes. La ressemblance entre les deux femmes était évidente, leur complicité aussi. La maladie avait resserré des liens déjà forts. Elles évoquèrent leur chemin, complétant les phrases l'une de l'autre. La nécessité de lutter contre ses réflexes, ses instincts. « Pendant les premières années, je ne pouvais pas m'empêcher de contredire papa quand il racontait n'importe quoi. Il était capable de me soutenir qu'il venait de faire quelque chose par exemple, alors que je savais bien que c'était faux et je ne le supportais pas ! Je m'énervais, il s'énervait, les portes claquaient. C'était frustrant. » Brigitte tournait doucement sa paille dans le verre de jus d'orange qui venait de lui être apporté. « Je faisais la même chose, vous savez. Sauf que je ne pouvais pas m'empêcher de chercher à voir jusqu'où la maladie allait déjà. Je lui demandais sans cesse s'il se souvenait de telle ou telle chose. Parfois il était fier de me dire que oui. Mais souvent il me reprochait de le tester, de me comporter comme un médecin. Et quand il était mis face à une perte de mémoire, il devenait agressif. » Brigitte posa sa main sur celle de sa mère.

« Ne t'en veux pas maman, on ne pouvait pas savoir... », murmura-t-elle dans un souffle. Elle leva ses yeux bleu vif vers moi. « Le déclic pour moi a eu lieu un jour où j'ai parlé à papa de Manon, ma fille. Il m'a répondu avec étonnement que je n'avais pas de fille. Je lui ai mis de colère une photo d'eux deux sous le nez. Et il a fondu en larmes. Là, j'ai enfin compris. J'ai compris qu'il voyait sa vie disparaître sous ses yeux. Qu'il avait honte. Qu'il faisait le deuil de lui-même, de son passé mais aussi de son futur. Et que de lui rappeler constamment sa maladie n'aiderait ni lui ni moi. Je m'en suis tellement voulu d'avoir agi comme ça. » Les regards autour de la table s'embuèrent.

« Aujourd'hui, nous avons complètement changé d'approche, et même si ce n'est pas parfait - comment cela pourrait-il l'être ? -, une grande partie des tensions se sont dissipées. » Mireille prit la suite de sa fille, en me racontant que toutes deux avaient totalement arrêté de se battre, de chercher à le contredire, de lui montrer qu'il avait tort. Et qu'au contraire, elles se concentraient maintenant sur ce qui pourrait lui faire plaisir. Sur ce qu'ils pourraient encore partager. « On essaye de voir la personne, mon mari, son père. Pas la maladie. Ce n'est pas simple tous les jours, mais ça fonctionne pour l'instant. » Il a toujours aimé la cuisine. Les deux femmes ont donc réfléchi aux possibilités de continuer à entretenir cette passion tous ensemble. D'abord en lui apportant régulièrement des pâtisseries différentes à déguster tous les trois. Puis en parcourant des livres de recettes de gâteaux. En cuisinant dans la même pièce que lui. En lui faisant goûter la pâte, les mélanges.

Bien sûr, les activités se sont simplifiées au fur et à mesure de l'avancée de la démence. Mais garder en tête cette notion de moments de plaisir à partager est essentiel. Pas besoin d'aller aussi loin que Brigitte et Mireille, leur histoire ne doit pas vous faire culpabiliser de ne pas faire ce qu'elles ont fait, loin de là. C'est garder en tête ce bel exemple de changement d'état d'esprit qui est important. Ne sous-estimez pas ce qui peut faire plaisir à l'autre, même si cela vous paraît parfois inutile, incomplet, hors de votre référentiel. Lorsque j'étais étudiante en médecine, pendant un stage en long séjour, j'ai tenté d'apporter mon échiquier pour jouer avec certains patients qui le souhaitaient. J'appréhendais, car je les savais atteints de démence. Dans mon esprit, la première tentative a été une catastrophe. Je m'appliquais à expliquer, détailler les règles, et bien entendu aucun ne comprenait où je voulais en venir. Ils bougeaient au hasard les pièces sur les cases noires et blanches. J'aurais pu voir leur sourire, mais j'étais concentrée sur le résultat. J'ai recommencé. Encore et encore. Et au bout de quelques essais j'ai finalement compris. Après tout, en quoi était-ce si important que le fou aille en diagonale, ou la tour tout droit ? La vieille dame que j'avais en face de moi ce jour-là enchaînait les mouvements avec plaisir, c'était évident. Nous avons fait plusieurs parties. Sans règle. Sans autre but que de passer un bon moment. A-t-on vraiment joué aux échecs ? Je n'en sais rien. Et je m'en fiche. Nous avons partagé un instant de joie. Il n'y a que cela qui compte vraiment.

Il en est un peu de même pour le quotidien. Le Dr Lora Cohen, géronto-psychiatre, dit très volontiers qu'« il est important d'accepter de lâcher prise sur certains points. De ne pas mettre d'enjeu dans la prise en charge. Si tout se passe bien aujourd'hui, tant mieux. Sinon, cela sera fait demain. Ce n'est pas grave. »

Il est parfois difficile de gérer les moments d'agressivité qui peuvent surgir. Les malades, dans leur immense majorité, ne deviennent pas « juste » violents. Ils n'arrivent bien souvent plus à exprimer leur frustration, leur angoisse, leur peur, et c'est sous cette forme qu'elles rejaillissent. Si vous arrivez à repérer les moments desquels naît cette agressivité, vous aurez plus de chances de l'éviter.

Le Dr Christophe Trivalle, gériatre, donne un exemple précis : « Si vous demandez à votre parent de se brosser les dents une fois, deux fois, et qu'il ne le fait pas, c'est là qu'il faut savoir lâcher prise. Il n'en a pas envie, risque de s'énerver, cela peut suffire à déclencher un moment de violence. »

Réussir à percevoir ces changements, à accepter de reculer parfois est d'autant plus complexe lorsque ce sont nos visites, nos rituels qui déclenchent ces réactions. Se mettre en retrait quand c'est nécessaire pour le bien-être de son parent demande énormément de force. Julia en témoigne. « Je me suis mise à 80 % pour m'occuper de maman. Je m'étais rendu compte que la maladie avançait, j'avais envie d'être là pour elle, d'en profiter tant que c'était encore possible. J'ai fait le choix de passer chaque mercredi avec elle. En fin de journée, nous allions chercher ma fille et nous profitions de moments toutes les trois. C'était chouette d'essayer de créer également un lien entre ma mère et ma fille. Mais au fur et à mesure des mois, c'est devenu de plus en plus compliqué. Elle a commencé à développer de l'agressivité envers moi. J'avais eu de la chance jusqu'ici, j'étais la personne qui lui faisait du bien. Elle était agressive envers mon père, ma sœur, mais pas moi. Et puis les choses ont changé. Les mercredis sont devenus une torture. J'y allais à reculons. J'avais l'impression que maman n'aimait plus ces moments. Elle était de plus en plus énervée, agacée, je sentais qu'elle ne passait plus un seul bon moment avec moi ces jours-là. Cela a été vraiment très compliqué de me dire que ce n'était plus la bonne solution. Que passer les mercredis avec elle, ce n'était plus possible. J'ai fini par demander un relais professionnel. D'abord pour les matins. J'ai réussi à me rendre compte qu'il était important que je prenne de la distance. J'en étais venue à me forcer à passer ces instants avec elle. Ce n'était absolument pas un moment de qualité, ni pour elle ni pour moi. Ce n'était pas nécessaire. Aujourd'hui, je la vois toujours, bien sûr, mais plus à ce rythme forcé. »

Dans le cas de Julia, un relais a été mis en place. Mais accepter que des professionnels s'occupent de notre parent n'est pas toujours simple. Sandrine m'a raconté, lorsque je l'ai rencontrée, à quel point elle avait eu du mal à laisser les soins de sa mère à des inconnus : « Durant les premières années, j'avais tout pris en main. C'était ma maman. Et certains actes étaient tellement intimes à mes yeux, comment aurais-je pu les confier à quelqu'un d'autre ? » Ses doigts tapotaient la table. « J'avais emménagé avec elle après le diagnostic, et pris ma retraite. Papa n'était plus là depuis longtemps, je ne me voyais pas la laisser seule. Elle était restée très autonome jusqu'à ce que la maladie se déclare. »

Son visage rond, entouré de quelques mèches grises coupées à la garçonne, était doux et calme. « Je me suis accrochée, au maximum. C'est le médecin de maman qui m'a dit un jour : "Laissez faire des professionnels, madame. C'est déjà assez dur à vivre. Ne vous infligez pas en plus d'être celle contre qui le ressentiment, l'agressivité que les soins peuvent parfois provoquer vont se retourner." »

Peu à peu, Sandrine a accepté les aides. D'abord pour le quotidien. Puis l'hôpital de jour. « J'avoue que j'ai eu du mal à l'envisager, je me disais qu'elle y serait moins bien qu'à la maison, que cela allait la perturber. » Mais c'est plutôt le contraire. La présence d'un groupe a l'air d'épanouir sa maman. Alors Sandrine s'autorise à respirer. Enfin. « J'ai entendu une phrase, dans un groupe de soutien qui m'a paru tellement simple, tellement logique... Si le feu se déclare chez vous, et que vous n'arrivez pas à l'éteindre rapidement... Allez-vous continuer à essayer ou appeler les pompiers ? Et plus encore, allez-vous culpabiliser ensuite de l'avoir fait ? Bien sûr que non... Alors pourquoi culpabiliser d'avoir recours à des professionnels quand vous en avez besoin pour le soin de votre parent ? »

Cette phrase est effectivement pleine de bon sens. Le Dr Cohen explique qu'« il vaut parfois mieux faire appel à des intervenants extérieurs, cela passe certaines fois plus facilement que de la part des proches. Il faut surtout trouver le compromis qui respecte au mieux ce qu'aurait souhaité la personne si elle pouvait le décider. Et d'abord, se concentrer sur elle, et pas sur ce qu'on voudrait, nous. » Voir l'autre et ses besoins.

J'ai entendu dans le témoignage de Sandrine, comme dans tant d'autres, plus que la simple crainte de laisser la main à des professionnels. En filigrane se retrouve l'ambivalence face au besoin de souffler. Pourtant, et en particulier face à ces longues maladies, qui engloutissent les années les unes après les autres, se ménager des moments de répit est important. Je sais à quel point cela peut être difficile. Que le parent reste toujours dans un coin de sa tête, même lorsque l'on décide de s'accorder une pause. Que la vigilance ne se relâche jamais vraiment.

Si vous n'arrivez pas à envisager de partir en week-end, en vacances, ce n'est pas grave. Vous faites de votre mieux. Inutile de vous sentir coupable en plus ! Demandez-vous simplement quelles sont les raisons derrière votre réaction. Vous n'avez pas besoin de « mériter » une pause pour vous arrêter quelques instants. Se reposer est un besoin physiologique, comme manger. Je sais que parfois, l'idée de prendre soin de soi dans la tempête paraît tellement saugrenue. Elle ne prend pas toujours la forme que vous imaginez. Cela peut être un groupe de parole, qui vous permettra de dire à des inconnus ce que vous n'osez pas forcément exprimer au quotidien.

Cela peut aussi consister à continuer à vous faire suivre par votre propre médecin, à ne pas oublier les problèmes de santé que vous pouvez également avoir. À vous faire remplacer quelques heures, relayer à domicile. Sachez qu'il existe aussi des possibilités de partir quelques jours avec votre proche, sans interrompre ses soins sur le lieu de vacances. Cela peut être une occasion de partager de nouveaux souvenirs à deux (ou plus !), tout en relâchant un peu la pression.

À la manière d'un masque à oxygène en avion, que les hôtesses vous demandent de mettre avant d'aider votre voisin, trouvez votre moyen de respirer. Il n'a pas à ressembler à celui des autres. Chacun fait comme il le peut face à cette vague qui emporte tout sur son passage. Et il n'y a pas de bonne manière de réagir.

Les mots de Séverine sont longtemps restés gravés en moi. Elle m'avait dit cette douleur lancinante, ce sentiment de se voir arracher son père morceau par morceau, sous ses yeux, sans rien pouvoir y faire. Le deuil permanent. La honte, la culpabilité d'avoir l'impression de dire au revoir tellement souvent, alors qu'il est encore là. Pleurer ce qui apparaît comme des broutilles dans un quotidien normal, mais qui disparaît un peu plus chaque jour. Les sorties. Les conversations. Crever d'envie de lui demander conseil. Se heurter au mur de l'oubli. Les moments d'espoir. Cette lueur qui renaît au hasard de certains instants, certaines rencontres. Qui font tenir, encore un peu.

Quand elle m'a regardée, droit dans les yeux, brillants de larmes, en me demandant « Comment quelqu'un qui est face à nous peut-il autant nous manquer ? », je n'ai pas su quoi lui répondre.

Ces maladies sont injustes, profondément révoltantes. Avoir le cœur brisé en voyant votre parent décliner doucement devant vos yeux se comprend parfaitement. Ne pas pouvoir croiser une personne âgée et ses petits-enfants dans la rue sans en être malade, de colère, de jalousie, de tristesse aussi. Faire le deuil du passé, mais également de l'avenir que l'on n'aura jamais est tellement cruel ! Ces émotions ne vous rendent pas faible. Elles ne représentent pas un abandon. Elles n'appartiennent qu'à vous. Vous avez tous les droits de les ressentir pleinement.

Et l'inverse est également vrai. Si votre façon de tenir est de vous battre, de rester positif à tout prix, faites ce qui est le mieux pour vous.

Vous avez le droit de vous sentir soulagé quand un professionnel vient vous décharger, le droit d'espérer parfois que tout se termine. Le droit de souhaiter que votre parent ne souffre plus. Le droit de vous en vouloir d'avoir pensé cela. Ou pas.

Chaque deuil est différent. Et celui auquel les démences contraignent, ce deuil avant la mort, ne vous empêchera malheureusement pas de devoir également faire votre deuil une fois votre parent parti.

Quoi que vous fassiez aujourd'hui, que vous ayez fait jusqu'ici, vous faites et avez fait ce qui vous paraissait le mieux, en fonction de ce que vous savez, de qui vous êtes, de ce qu'il est possible de faire. Vous avez agi et agissez par amour, en espérant faire au mieux, face à une maladie que rien ne peut ralentir. Votre cœur est votre unique boussole, face à cette mer parfois tranquille, souvent démontée, déchaînée. C'est la seule chose qui compte vraiment. Et je suis certaine que s'il le pouvait, votre parent vous dirait la même chose.

6

La maison au bout du chemin

L'équilibre entre bien-être et sécurité

Le lieu où nos parents vont passer leurs dernières années est pour nombre d'entre nous une question cruciale. Les opinions sont souvent très affirmées. Elles peuvent être influencées par notre éducation, notre âge, nos envies personnelles, ou par certains scandales qui font parfois la une des journaux avant d'être effacés par le suivant. Nous souhaitons le meilleur pour eux. Mais à quoi cela correspond-il véritablement ?

Il n'y a pas de réponse unique à cette question. L'important est de se concentrer sur deux facteurs : le bien-être et la sécurité. Et d'essayer de trouver la formule qui maintienne autant que possible un équilibre entre les deux.

Un mot suffit à venir perturber cette stabilité. *Urgence.* Les décisions qui doivent être prises rapidement sacrifient souvent l'un des deux côtés de la balance, qui penche alors la plupart du temps vers la sécurité. Ce n'est pas toujours évitable, bien entendu. L'absence de communication et d'anticipation de part et d'autre ajoutera néanmoins souvent un poids non négligeable à un plateau déjà chargé. Cela ne signifie pas que ces situations soient pour autant irréversibles, mais elles sont toutefois bien plus complexes à rééquilibrer. Je me permets donc d'insister, une fois n'est pas coutume, sur l'importance d'aborder ce sujet le plus tôt possible.

Cependant, les années passant, la vision que chacun avait de l'avenir peut évoluer, et des incidents, des imprévus, des maladies, voire le décès d'autres proches, venir interférer avec les plans prévus initialement.

Tout d'abord, l'idée qu'une personne âgée a de la définition de son bien-être est toujours susceptible de changer. Et surtout, elle peut être ou devenir extrêmement différente de la nôtre. Êtes-vous très sociable et votre père, timide ? Cette maison dans laquelle vous avez grandi a-t-elle une importance considérable à vos yeux, alors qu'elle n'est plus pour votre mère qu'un lieu devenu trop vaste, où l'ennui est le compagnon d'une trop longue partie de ses journées ?

Lorsque j'ai rencontré Claire et sa maman, les deux femmes étaient assises autour d'une jolie petite table en bois ronde, couverte d'un napperon brodé de fleurs roses et violettes, située face au lit de Jacqueline, dans la chambre qu'elle occupait au premier étage des Sources fleuries, une maison de retraite au cœur d'une petite ville de province. La vieille dame racontait aujourd'hui en riant l'a priori plus que négatif que ses deux enfants avaient eu pendant des années, à la simple idée que leur mère « termine dans un mouroir ». « C'était ça ton expression, non, chérie ? » Claire fronça les sourcils avant d'opiner. « Je dois reconnaître que je n'étais pas très enthousiaste, c'est le moins que l'on puisse dire. Pour moi, l'idée qu'elle quitte sa maison, alors qu'on pouvait l'aménager, était une hérésie. – Et tu ne t'es pas privée de me le dire ! » glissa sa mère dans un éclat de rire. D'un ton plus sérieux, elle ajouta : « J'admets que j'ai mis longtemps avant d'oser vous dire, du coup, que je m'ennuyais comme un rat crevé ! Votre père n'était plus là depuis longtemps, mes amis sont morts les uns après les autres, Tounet [son chat] aussi... Et vous aviez une vie, c'est normal ! Vous n'alliez pas quitter votre emploi pour venir me tenir compagnie... Disons-le clairement, les journées étaient longues. » Claire se tourna doucement vers Jacqueline en répondant : « Et de mon côté, j'étais tellement rebutée à l'idée d'une maison de retraite que, même si je voyais bien que tu avais l'air de plus en plus déprimée, je n'envisageais absolument pas que cela puisse être la solution. Je suis heureuse que nous ayons fini par en parler. » Tous trois prirent, à la suite de cette discussion, le temps de visiter ensemble différents établissements et de choisir celui dans lequel Jacqueline se sentirait le mieux. « Parfois, je m'énerve sur certains détails, je ferais les choses différemment... Mais aucun doute, maman revit depuis qu'elle est ici. »

La ville de résidence est parfois également au cœur des hésitations, lorsque des dizaines voire des centaines de kilomètres séparent les familles. Il n'y a ici non plus pas de solution toute faite. Dans certains cas, le parent se rapprochera. Dans d'autres, les enfants. Parfois, chacun restera là où il vit depuis longtemps. La décision de déménager loin de chez soi lorsque l'on est âgé n'est cependant pas à prendre à la légère. Se rapprocher de ceux que l'on aime est bien souvent une motivation importante, et parfaitement compréhensible. Il faut simplement garder en tête que ce changement implique des modifications concrètes du quotidien (changement de médecin, de quartier, perte des habitudes, des amis...) qui peuvent fortement perturber la personne âgée. Il est donc essentiel de réfléchir ensemble à la meilleure solution, en prenant en compte tous les facteurs existants. Le cœur et la raison ont tous deux leur place dans cette question dont vous seuls aurez la réponse.

Si la préférence de votre parent se porte toujours sur le domicile, sachez qu'un éventail d'alternatives existe en fonction des envies, budgets, et du niveau de dépendance.

Il est bien sûr possible de faire intervenir des aides humaines, que ce soit pour les tâches ménagères, les gestes de la vie courante (lever, habillage...), ou encore les repas. Elles peuvent être augmentées progressivement, et maintenues de nombreuses années.

Des possibilités intermédiaires, comme les accueils de jour ou l'hébergement temporaire en EHPAD (lors d'une absence ponctuelle par exemple) sont également envisageables pour maintenir plus simplement et longtemps la vie que l'on souhaite.

Lorsque l'envie d'un « chez-soi » n'implique pas forcément de rester dans la maison que l'on a toujours connue, des solutions existent.

Les résidences senior/autonomie, de même que les foyers ou encore le béguinage en sont de bons exemples. Une autre solution encore peu répandue, mais que je trouve particulièrement intéressante en particulier lorsque les aidants sont très éloignés physiquement, est ce que l'on appelle l'accueil familial. Les « accueillants familiaux » reçoivent chez eux des personnes âgées, ponctuellement ou au long cours, en échange d'une rémunération. Les règles pour proposer ce service sont strictes, et un agrément doit être délivré pour s'assurer de la qualité de l'environnement et des conditions d'accueil.

Ces solutions heurtent parfois cependant de plein fouet l'autre dimension à prendre en compte : la sécurité.

Un point trop souvent mis de côté lorsque l'on se questionne sur cet aspect consiste à faire la différence entre la dépendance et la perte d'autonomie de son parent. On emploie trop facilement un mot à la place de l'autre. Ils ont pourtant des significations distinctes et complémentaires. La dépendance concerne l'incapacité de réaliser des actes de la vie de tous les jours.

La perte d'autonomie consiste, elle, en l'incapacité de faire des choix, de prendre des décisions favorables à son bien-être.

Être autonome, c'est pouvoir encore dire oui, non, ou « allez vous faire voir ». Et cela n'a rien à voir avec le fait de réussir à mettre ses chaussettes le matin. Si j'insiste sur ce point, c'est parce que, même très dépendant, un adulte encore autonome a le droit de faire ses propres choix, mêmes s'ils ne sont pas raisonnables à vos yeux. C'est parfois frustrant, angoissant, j'en ai bien conscience. Respecter le désir de votre parent ne signifie pas taire vos craintes, mais plutôt essayer de trouver le compromis qui vous conviendra à tous les deux.

Mario vit à 83 ans dans une jolie petite bâtisse dans le Sud, entourée d'un immense jardin parsemé d'oliviers. Les tomettes recouvrent sols et escaliers, qu'il franchit pour l'instant encore avec une relative aisance. Sa passion, cependant, affole son fils depuis des années. Mario taille en effet, avec amour et seul, la vingtaine d'oliviers de sa propriété, en équilibre sur son échelle. Chacune des propositions de Joseph pour l'aider à déménager dans un appartement de plain-pied a été rejetée avec vigueur au fil des années. Le même sort a été réservé à l'idée d'embaucher un jardinier. Il fallut une glissade du dernier échelon humide, qui occasionna une petite fracture d'une côte, pour que Mario accepte de discuter à nouveau de son avenir, encouragé par le médecin qui l'avait reçu à la suite de sa chute. Il entendit les craintes de son fils, mais ne souhaitait toujours pas quitter son domicile. Mario n'imaginait pas vivre dans un appartement en ville, et les aménagements possibles dans cette vieille demeure étaient limités.

Ils tombèrent cependant d'accord sur un point : si perte soudaine d'indépendance il devait y avoir, qui empêcherait un retour ou un maintien dans sa maison, tous deux préféraient choisir à l'avance l'établissement qui l'accueillerait. Mario s'équipa donc d'un bracelet alarme et accepta de visiter avec son fils les institutions voisines. Ce n'était certes pas la solution qui rassurait le plus Joseph, mais plutôt un compromis conscient entre le bien-être et la sécurité de son père, qui aurait le mérite d'éviter - autant que possible, car il est irréalisable de garantir à 100 % qu'une place serait libre le jour venu - une entrée en urgence dans la première structure disponible en cas de problème soudain. Le droit au risque n'empêche ni l'anticipation ni les précautions.

La situation est évidemment très différente lorsque votre parent n'est plus en mesure de prendre les décisions le concernant lui-même. Bien souvent une mesure de protection judiciaire sera alors mise en place. Mais même dans ce cas les considérations évoquées précédemment restent essentielles. Et cela passe par une prise en charge adaptée à l'état de santé et aux besoins de votre parent.

C'est le constat qu'a fini par faire Béatrice après plusieurs années à s'occuper de sa maman, atteinte de la maladie d'Alzheimer. Grâce à de nombreuses adaptations de son appartement, et à des aides à domicile, Jocelyne a pu rester un long moment chez elle. Lorsque la maladie s'est aggravée, sa fille a pris la décision d'emménager avec elle. Mais rapidement, la situation est devenue difficile.

« Maman ne dormait plus la nuit, et donc moi non plus. Et pour être honnête, j'avais de toute façon du mal à vraiment me reposer, car je vivais dans l'angoisse constante que malgré toutes les protections que nous avions fait installer il se passe une catastrophe. J'étais en vigilance permanente. Heureusement, grâce à l'hôpital de jour, j'avais des moments de répit ; j'ai tenu bien plus longtemps grâce à cela. Mais je vivais dans la crainte persistante qu'elle fugue, chute... Je gardais la clé de l'appartement autour de mon cou, et non sur la serrure ou cachée dans un tiroir, pour être sûre qu'elle ne parte pas, car c'est arrivé une fois et j'ai cru que nous ne la retrouverions jamais... J'ai fini par accepter que j'étais non seulement épuisée mais aussi qu'elle avait besoin de bien plus que ce que je n'étais capable de lui offrir. Je ne pouvais pas remplacer à moi seule une équipe soignante présente vingt-quatre heures sur vingt-quatre... Que ce n'était pas un échec, que je ne l'abandonnais pas, mais que je lui permettais d'avoir la prise en charge dont elle avait besoin. J'ai mis du temps à comprendre qu'arriver au bout de ses limites et l'accepter n'est pas un signe de faiblesse. »

Béatrice a raison, et j'irai même plus loin. Il n'y a pas d'échec possible lorsque l'on s'occupe de quelqu'un que l'on aime. Uniquement des changements. Des pathologies qui évoluent, des corps qui fatiguent. Le cœur, lui, est toujours là, peu importe la forme que le quotidien prend.

Et la maison de retraite ?

Si toutes les personnes âgées n'entrent pas en maison de retraite (ou EHPAD), il me paraît important d'aborder plus en détail ce sujet qui cristallise souvent débats et interrogations. Car s'il y a un pan de la prise en charge des personnes vieillissantes qui divise, c'est bien celui-ci. Entouré de nombreuses croyances, appréhensions, scandales, fausses informations, l'EHPAD suscite, selon les cas, craintes, espoirs ou analyses pragmatiques.

Je tiens tout d'abord à vous donner mon opinion sincère : certains établissements sont de qualité, d'autres méritent les scandales qu'ils provoquent. Mais je regrette que ces derniers entachent l'image des autres, qui sont heureusement à mes yeux plus nombreux.

Oui, il manque du personnel, et je pense que le financement entier est à revoir, de même que les conditions de travail. Ce n'est pas le sujet de ce livre, mais c'est important de le savoir. Cependant, vous trouverez dans ces établissements des équipes dévouées, humaines, qui donneront pour beaucoup tout ce qu'elles ont et sont pour que vos parents soient pris en charge de la meilleure manière possible. Et ces personnes méritent mieux que de disparaître derrière la critique sûrement méritée de quelques institutions. J'aimerais leur rendre hommage à travers ces quelques mots.

L'EHPAD représente pour certains aidants et futurs résidents une véritable sécurité. Bernadette ne fait pas exception : « Je pense que c'est une bonne solution pour un parent dépendant, il me semble que ce serait rassurant pour la famille de savoir son proche entouré et surveillé. Moi, ça me rassurerait de savoir qu'il n'est pas tout seul des jours entiers. »

Il est vrai qu'y résider permet en cas de problème d'avoir une équipe présente à n'importe quel instant. Attention cependant à ne pas non plus avoir des attentes parfois inatteignables. Nous avons par exemple évoqué les chutes au début de ce livre. Vivre en établissement n'empêchera pas une personne âgée de tomber à nouveau. Elle sera par contre bien entourée, et rapidement prise en charge, ce qui est un vrai plus.

L'entrée en EHPAD de nos parents nécessite de repenser notre rôle à leurs côtés, de retrouver un équilibre qui s'était peu à peu mis en place au fil des années. Il arrive parfois qu'un frère ou une sœur prenne soudainement plus de place, voire supplée pour un temps un aidant épuisé, qui assurait jusqu'ici la majorité des tâches du quotidien. Il n'y a ni bonne ni mauvaise façon de faire. Tout le monde aura besoin d'un moment d'adaptation, vous, votre famille, comme votre parent.

Cette évolution des rôles peut prendre du temps à être acceptée par certains, souvent très investis dans la prise en charge de leur proche avant l'entrée en établissement.

C'était le cas de Jeanne, qui avait pendant des années, endossé de nombreuses casquettes pour s'occuper au mieux de Lucienne, sa maman. Elle reconnaît aujourd'hui que les débuts à l'EHPAD ont été plutôt compliqués pour elle. « J'avais l'habitude de tout gérer moi-même, et tout roulait bien. Lorsque sa dépendance s'est accentuée, nous nous sommes mises d'accord sur son admission aux Cygnes. Mais leur manière de faire était très différente de la mienne, et cela a créé pas mal de frictions... Je savais comment faire en sorte que maman prenne ses médicaments, j'avais développé certaines techniques pour l'aider à faire sa toilette, ou pour mettre ses bas par exemple. Du jour au lendemain, je les ai vus faire autrement, et je trouvais cela moins bien, moins efficace. Les relations se sont rapidement tendues avec les équipes. Il m'a fallu une très longue discussion avec le médecin de l'établissement pour commencer à accepter l'idée que je n'avais pas perdu ma place dans l'équipe de maman, mais qu'elle était différente. Et que je devais les laisser faire leur travail, tant que le résultat final était bon, même si j'aurais fait les choses d'une autre manière. Avec le recul, je ne regrette pas du tout d'avoir lâché prise sur ça. Même chose pour de petits énervements du quotidien, comme la façon dont le linge était repassé. Maman me disait d'arrêter de râler tout le temps... Je voulais que tout soit au mieux pour elle ! Mais j'ai réalisé assez vite qu'elle se fichait complètement du sens dans lequel ses vêtements étaient pliés et que je l'embarrassais plus qu'autre chose avec mes récriminations incessantes ! Je crois que c'était ma façon de lutter contre cette impression que je l'abandonnais... Je voulais garder un peu de contrôle. »

C'est parfaitement compréhensible, et fréquent... Les relations entre Jeanne et les soignants de Lucienne ont repris assez rapidement des couleurs à la suite de cet épisode et aujourd'hui l'heure est à l'apaisement et à la coopération.

Être aidant d'un parent en EHPAD ne signifie pas se taire en permanence, loin de là. Simplement, il est essentiel de comprendre ce qui importe vraiment aux yeux de son parent afin de faire remonter les demandes et questions qui auront un réel impact sur sa vie.

Michelle, qui a longtemps été représentante des familles dans l'établissement de son père, analyse avec lucidité ce moment parfois complexe dans la vie des aidants : « Il faut que nous, familles, nous fassions une sorte de hiérarchie entre ce qui est essentiel, ce que veut notre parent, ce dont il a vraiment besoin pour son bien-être, et sur lequel on doit se concentrer, et ce qu'en tant qu'enfant on aimerait obtenir aussi. Il faut apprendre à mesurer ce second type d'exigences, à les exprimer sans violence, et ce n'est pas toujours évident. »

La question de la communication avec les soignants en EHPAD revient souvent dans mes entretiens. Il est logique d'être touché, ému dans certaines situations, lorsqu'un problème survient.

Si vous faites face à un incident ponctuel, le meilleur moyen d'être entendu est d'être le plus précis et factuel possible : vous avez constaté telle chose à tel moment et cela a eu telle conséquence.

Si vous avez des réflexions, des doutes sur la prise en charge, je vous conseille plutôt de demander un rendez-vous à l'équipe cadre (médecin, infirmier). Toutes vos interrogations sont légitimes, méritent d'être entendues. La discussion sera d'autant plus utile et fructueuse si vous prenez le temps de préparer vos questions (c'est parfois plus simple à l'écrit). Vous avez tous le même but : que votre parent soit le mieux possible. Soignants et aidants sont partenaires dans cette mission, certainement pas adversaires !

Il y a de nombreuses manières de faciliter la transition de votre parent vers l'EHPAD.

L'idéal, selon Florence Braud, aide-soignante travaillant sur l'importance de la coopération résident/soignants/aidants pour une meilleure prise en soin, est de réfléchir en amont avec lui aux éléments importants à transmettre à l'équipe. Créer ensemble une sorte de « pré-projet » de vie, en s'appuyant sur ce qu'il aime, ce qui le rassure, les objets auxquels il tient (une tasse, une parure de lit, des photos, des vêtements, un meuble...), les personnes ressources, la façon dont il veut être accompagné, ses habitudes (douche avant le café ou après par exemple, aime le silence ou pas...). Bref tout ce qui, dans sa vie actuelle, est important pour lui.

On peut même aller plus loin : comment reconnaître quand il est angoissé, stressé ? Quelle est la meilleure manière de l'apaiser ? A-t-il vécu des traumatismes particuliers, comme la mort d'un conjoint, d'un enfant ? Toutes ces informations seront précieuses pour les soignants de votre parent, qui pourront ainsi faire au mieux pour lui.

Préparez ensuite ensemble de quoi décorer sa chambre. Le choix des meubles est souvent un moment difficile pour une personne âgée, car il faut opérer une réduction drastique dans ce qui constituait son quotidien, ses souvenirs. Les déménagements ne sont simples pour personne, pas même ceux qui sont volontaires et même enthousiastes.

N'hésitez pas à emporter de nombreuses photos, de votre famille mais également de son domicile, de son quartier, de sa ville d'enfance, de ses animaux...

Un arbre généalogique peut être intéressant, pour que l'équipe sache qui est encore vivant et qui ne l'est plus. De votre côté, vous pouvez demander à l'EHPAD de vous transmettre l'organigramme des soignants qui seront aux côtés de votre parent, pour avoir plus de facilité à communiquer.

Quelques conseils très pratiques enfin : le poids variant souvent dans les premiers mois, pensez, si vous le pouvez, à apporter quelques vêtements de tailles différentes.

Même chose pour les habits de nuit. Enfin, un ventilateur en été n'est jamais de trop dans la chambre.

Voilà maintenant votre parent installé.

Peut-être n'en avez-vous pas encore conscience, mais en se chargeant de l'aspect pratique des soins, l'EHPAD vous offre la possibilité de vous recentrer sur votre relation avec lui. Et même si l'environnement est différent, rien n'empêche (et heureusement !) de passer de bons moments ensemble. Le mieux ? C'est bon pour la santé (la sienne, mais également la vôtre) !

Vous pensez que j'exagère ? Pas du tout.

Laissez-moi vous parler quelques instants de ce que l'on appelle la « thérapie par l'humour ». (Oui, cela existe vraiment.) L'importance du rire se retrouve depuis des siècles dans la littérature, même si les études scientifiques dans ce domaine ont commencé bien plus tard. Henri de Mondeville, médecin français au XIVe siècle, déclarait déjà : « Aussi le chirurgien doit-il ordonner tout le régime du malade, en vue du plaisir et de la joie, [...] faisant en sorte qu'il ait autour de lui ses proches, ses amis [...][1]. »

Des clowns entrèrent dans les hôpitaux dès les années 1930 pour soutenir les enfants atteints de polio. Le Dr Cousins publia en 1979 un article intitulé « Anatomie d'une maladie telle qu'elle est perçue par le patient », dans lequel il détaillait l'impact du rire sur la diminution de sa propre douleur, en tant que patient atteint de spondylarthrite ankylosante. Le

Dr Hunter Patch (à l'origine du film *Patch Adams*, dans lequel Robin Williams incarne le médecin), auteur de *Gesundheit !*[2], développe lui aussi l'importance de l'humour dans la prise en charge des patients.

Je tenais à partager ces quelques exemples avant d'en arriver aux études scientifiques qui existent aujourd'hui. Partout dans le monde, fleurissent des expérimentations visant à démontrer l'impact positif du rire et de la thérapie par l'humour, y compris dans les maisons de retraite. Certaines montrent une réduction du stress et des tensions, une amélioration de la qualité de vie[3], d'autres ont mis en évidence l'effet positif de la thérapie par l'humour face à la dépression, l'insomnie et la qualité du sommeil des personnes âgées[4].

Mon but ici n'est pas de réaliser une revue exhaustive de la littérature mais de vous faire comprendre que ces simples moments de plaisir, de joie, ces éclats de rire partagés, qui parfois vous semblent si insuffisants par rapport à ce que vous pensez pouvoir ou devoir faire sont en réalité un vrai soutien pour votre parent, et représentent tellement plus pour lui que ce que vous imaginez !

Le lieu importe peu, et le plaisir peut se trouver dans chaque instant, chaque petit geste. Dans la douceur d'une caresse, la chaleur de vos mains qui passent une crème hydratante sur la peau de votre parent, dans un morceau de musique que vous écoutez tous deux les yeux fermés ; dans une histoire que vous lisez ensemble...

Et même la démence n'empêche pas forcément le rire. Il se trouvera peut-être simplement sous d'autres formes.

L'EHPAD est un nouveau lieu de vie, un petit monde en soi, où chacun réapprend à vivre ensemble et à sa manière. On y fait des rencontres, parfois amicales, parfois amoureuses. La vie ne s'arrête pas aux portes de ces établissements, et tant mieux ! Il est essentiel de respecter ces nouveaux liens, s'ils se forment, cette intimité. Ni l'amour ni l'amitié n'ont d'âge.

Votre parent et vous aurez sûrement besoin d'un temps d'adaptation avant de vous faire à cette réalité un peu différente de celle que vous avez connue auparavant. Je n'ai cependant aucun doute sur le fait que vous trouverez ensemble une nouvelle dynamique qui vous correspondra. Ne laissez personne vous dicter l'apparence de ce nouveau quotidien, il est unique et ne ressemblera qu'à vous et à votre relation. Vous serez à ses côtés à votre manière, et c'est le plus important.

7

Que la terre se taise

Que la terre se taise, je vois la fin du tunnel
Nous y sommes entrées main dans la main
Mais j'ai compris qu'un soir ou un matin,
J'en sortirai seule sur terre et toi au ciel.

Que la terre se taise, le temps gronde
Je veux dévorer chaque minute, chaque seconde,
Chaque instant où je peux encore lui dire maman
Où je suis encore ton enfant.

Que la terre se taise, le vertige est assourdissant
J'ai parfois espéré que tout s'arrête,
La souffrance, la douleur, l'épuisement,
Si tu savais comme je regrette.

Que la terre se taise, je vous en prie,
Je veux entendre chaque seconde
Ta voix, ton rire, tes derniers mots : ma chérie
S'il vous plaît, faites taire le monde.

Que la terre se taise, je vous en prie,
Vos paroles s'envolent dans la nuit

Être présent pour ses parents

Je sens votre chaleur, vos étreintes,
Mais je refuse d'entendre qu'elle s'est éteinte.

Que la terre se taise, juste un instant,
Laissez mes larmes, et ce grondement,
Cette douleur qui jaillit en flots et en cris,
Laissez-moi réaliser que c'est fini.

H. R.

8

Et soudain, le silence

Les premières heures, l'agitation, les appels. Annoncer la même nouvelle encore et encore. Mécaniquement. Ne pas y croire, parfois. Le dire quand même.

Les embrassades, les visages, que vous n'aviez pour certains pas revus depuis longtemps. Les larmes, de circonstance ou de douleur.

L'organisation des funérailles. Toutes ces questions auxquelles vous n'avez pas toujours de réponse. Quelles fleurs ? Quelle musique ? La sidération, l'incrédulité, de brefs instants où tout semble comme avant. Des rires parfois. Et, toujours, la réalité qui reprend ses droits. Qui coupe le souffle. Qu'on repousse dans un coin. Ne pas penser, tenir le coup.

Des personnes comptent sur vous. Vont mal. Vous êtes l'épaule sur laquelle s'épancher. Vous êtes là. Famille, amis, collègues, voisins parfois. Ce téléphone qui ne sonnait plus guère a repris vie avec la mort. Quelques jours, quelques semaines.

Doucement, le calme s'installe. La vie reprend son cours. La leur, du moins. Les quelques personnes prêtes à écouter s'ennuient rapidement de la rengaine du malheur. Les appels, les visites s'espacent. L'absence murmure son évidence à votre oreille. Votre esprit lutte. Son odeur, ses vêtements. Il est encore là. Vous savez bien que ce n'est pas vrai. Mais l'idée vous est encore trop insupportable. Vous vous débattez. Vos idées s'emmêlent. Vous luttez contre ce nouveau quotidien, tellement vide. Après des mois, parfois des années, parfaitement chorégraphiés. Le vide est envahissant.

Et puis, le silence. Qui frappe en pleine face. Soudain. Le silence du cœur qui arrête de fuir. Qui comprend. La douleur qui saisit à la gorge. L'effondrement, enfin. Ces larmes, qu'on n'ose parfois pas laisser filer, par peur qu'elles ne s'arrêtent jamais. Ne retenez rien. Laissez couler ces années ensemble. Ces instants de bonheur partagés. Ces sourires, ces mots d'amour. Laissez rouler sur vos joues la colère, les regrets. Aussi longtemps que vous en aurez besoin. Des heures, des jours, des semaines, des mois.

Peut-être certaines personnes bien intentionnées tenteront-elles de vous extirper de cette noirceur. De vous distraire. Elles ne supportent pas de vous voir souffrir. La douleur fait peur. On ne sait pas comment y faire face. Elle est comme contagieuse. Il n'y a pas plus solitaire que le deuil. N'écoutez que vous. Personne ne peut comprendre ce que vous traversez, pas même ceux qui l'ont vécu. Chaque relation est unique, il en est de même pour le deuil.

Le plus difficile à comprendre, de l'extérieur, est qu'en réalité, votre deuil est double. En plus de l'adieu à votre parent, vous avez également perdu tous vos repères, tout ce dont vos journées étaient remplies. Le silence fait écho au vide.

Votre vie s'était organisée autour des soins, de l'aide, vous vous étiez bâti votre univers, avec votre parent. Ce petit monde tenait peut-être en équilibre sur vos épaules, mais il était là.

Vous vous étiez attaché aux équipes soignantes, aviez créé des liens parfois avec d'autres que vous qui partageaient les mêmes épreuves. Eux, vous comprenaient. Peut-être sont-ils d'ailleurs venus assister aux funérailles. Vous n'avez pas perdu uniquement votre parent. Vous les avez perdus, eux aussi.

De journées où même l'idée de vous occuper de vous-même était en soi trop chronophage, vous contemplez maintenant les heures filer sans plus savoir ce que cela signifie véritablement. Cette douleur qui vous dévore n'a d'égal que l'écrasant sentiment d'inutilité, d'impuissance qui vous taraude. « Je te rends ta liberté », avait dit Pauline à sa fille, quelques heures avant de mourir. Mais à quoi ça sert, d'être libre sans toi ? Et que suis-je censée faire de cette liberté, de ce temps que je n'ai pas demandé ?

Peut-être dormirez-vous. Des heures, des jours. Les corps épuisés savent profiter du silence pour réclamer leur dû. Après tant de délicatesse, d'attention au corps et au cœur d'un autre, il est temps aujourd'hui de retourner cette tendresse contre vous.

Je sais que cela peut vous paraître incongru. Qu'on peut avoir l'impression d'avoir perdu le mode d'emploi. Un pas, puis un autre. Et si un seul se fait aujourd'hui, qu'il en soit ainsi. Vous devez faire preuve d'indulgence envers vous-même. Vous avez appris à aider, absorbé connaissances et gestes du quotidien, vous apprendrez avec le temps à vous regarder avec bienveillance. À voir plus loin qu'au jour le jour. À redécouvrir ce que « futur » veut dire. Parfois, peut-être, aurez-vous l'impression de le trahir, lorsqu'un instant la tristesse s'éclipsera. Faites preuve d'un peu de douceur envers votre cœur... Je sais comme certains moments de joie peuvent avoir un goût amer.

Renouer avec un professionnel de santé, que vous n'avez sans doute pas vu depuis des années, vous apportera peut-être un soutien que vous n'attendiez pas forcément. Le deuil n'est bien sûr pas une maladie, même si certains jours la douleur est tellement vive qu'il est difficile de respirer. Cependant, retrouver un semblant de routine, à travers quelques rendez-vous réguliers, peut vous aider à faire un pas de plus en avant, à mettre des mots sur ce que vous traversez.

Comme retenir ses larmes ne fait que les laisser s'accumuler jusqu'à l'explosion, se murer dans le silence empêche d'avancer. Si certains autour de vous se lasseront d'entendre encore et toujours votre histoire, n'arrêtez pas de la raconter pour autant. Trouvez d'autres oreilles, d'autres voix. Groupes de soutien, réseaux sociaux, associations, professionnels... Peu importe la forme, au fond. Chacun de vos mots est une petite brique sur laquelle vous pourrez commencer à vous reconstruire. Parlez, bâtissez cette fondation tellement plus solide qu'avant.

Certains vous diront d'être fort. De prendre sur vous. Pour eux, le deuil a une date d'expiration. Ils vous demanderont de ne pas pleurer en public, ou devant les enfants.

Nos sociétés aseptisées ont oublié ce que signifiait aimer.

Peut-être que « fort » n'est pas l'adjectif que vous utiliseriez pour vous décrire aujourd'hui. Vous avez raison. Vous êtes tellement plus. Vous êtes celui qui est resté aux côtés de son parent jusqu'au bout. Vous êtes aimant, généreux, solide. Votre chagrin est la preuve vivante de l'importance de votre amour.

N'ayez pas honte de vos larmes. Qu'elles coulent, devant les enfants comme devant les adultes. Le manque, la mort font déborder les cœurs, trempent les joues, c'est la vie et c'est tant mieux. Vous vous reconstruirez, avec le temps, même si pour l'instant cela vous paraît impossible.

Mais vous ne serez plus jamais la personne que vous étiez avant d'être aidant. Vous avez grandi avec votre parent, appris de chaque situation, lutté passionnément, aimé profondément, souffert à en crever. Vous avez vécu de tout votre être. Vous pouvez en être fier.

Remerciements

Aux nombreux aidants qui ont accepté de partager leurs histoires, leurs doutes, leurs joies, leurs craintes et sans qui ce livre n'aurait pas pu voir le jour. Certains apparaissent directement dans ces lignes, d'autres auront permis de nourrir ma réflexion, de m'aider à avancer. Merci du fond du cœur.

À tous les soignants et juristes, qui ont échangé avec moi au cours de ces mois d'écriture. Nos discussions ont joué un rôle crucial dans cet ouvrage.

Au Dr Marie-Agnès Manciaux, malheureusement décédée ce printemps 2022, et qui m'a enseigné via son humanité, sa rigueur, sa passion de la gériatrie, tout ce que je sais aujourd'hui des personnes âgées.

À Paule Constant, pour sa douceur, ses mots, et son soutien dans les moments difficiles.

Au Père Guy, pour notre longue conversation.

À mes amis, qui pendant des semaines m'ont encouragée, ont débattu avec moi, relu des chapitres puis pour certains le livre entier… Et, en particulier, Guillaume, Irina, Sarah G., Sarah Z., Michaël, Barbara, Emmanuelle, Stéphane.

À mon frère Edouard, toujours à mes côtés.

Toute ma gratitude également à Sarah P. et Olivier.

À Marie-Pierre, pour son aide lors de la relecture.

Enfin, je ne pourrai jamais assez remercier ces deux dernières personnes :

Philipp, sans toi ce livre n'existerait pas. Merci d'avoir été à mes côtés chaque jour, de m'avoir épaulée sans faille, de m'avoir fait rire lorsque j'en avais tant besoin, mais également d'avoir passé tant de temps à discuter, échanger, débattre, pour m'aider à faire avancer ma réflexion.

Maman, sans ton amour et ton soutien quotidien, je ne serais pas là où j'en suis aujourd'hui, et je n'aurais jamais pu écrire ce livre. Je t'aime.

Notes

Avant-propos

1. Patrick Bruel, « J'm'attendais pas à toi ».

1
Une prise de conscience essentielle

1. *Sur le chagrin et le deuil*, Elisabeth Kübler-Ross et David Kessler, p. 29.
2. *Sur le chagrin et le deuil, op. cit.*, p.
3. *Sur le chagrin et le deuil, op. cit.*, p.
4. *Apprendre à se connaître pour mieux communiquer*, Thomas D'Ansembourg.
5. *La Force des choses*, Simone de Beauvoir, éditions Gallimard, 1963.
6. « Ruptures-passages : approches psychanalytiques du vieillissement », Anastasia Blanché, Fondation nationale de gérontologie, *Gérontologie et société*, 2007/2 vol. 30/n° 121, pages 11 à 30 - DOI 10.3917/gs.121.0011.

2
Préparer l'avenir ensemble

1. *Propos sur le bonheur*, Alain, Cahiers du Capricorne, 1925.
2. *The Lost Art of Listening*, Michael P. Nichols (PhD) et Martha B. Straus (PhD), Guilford Press, troisième édition, 2021.

3. *Les mots sont des fenêtres (ou des murs)*, Marshall B. Rosenberg, éditions de La Découverte. 2016.
4. *Les mots sont des fenêtres (ou des murs)*, *op. cit.*, pp. 25-26.
5. *La Communication non violente. Écouter vraiment pour des relations enfin sereines*, Marshall B. Rosenberg.
6. *La Communication non violente. Écouter vraiment pour des relations enfin sereines*, *op. cit.*
7. « Les personnes âgées et le risque routier », Étude menée par le cabinet Gautier et associés pour l'association Prévention routière et la Fédération française des sociétés d'assurance, 2008, https://www.preventionroutiere.asso.fr/wp-content/uploads/2016/04/Etude_senior_mobilite_risque_routier_2009.pdf
8. *Gériatrie pour le praticien*, Dr Joël Belmin, Philippe Chassagne, Patrick Friocourt, édition Elsevier Masson, troisième édition, 2018.
9. « The benefits of strength training for older adults », Rebecca Seguin, Miriam E. Nelson, *American Journal of Preventive Medicine*, vol. 25. Issue 3. Supplement 2. 2003. https://doi.org/10.1016/S0749-3797(03)00177-6
10. *Gériatrie pour le praticien*, *op. cit.*
11. « The benefits of strength training for older adults », *op. cit.*
12. « The benefits of strength training for older adults », *op. cit.*
13. « Muscle strength and size gains in older women after four and eight weeks of high-intensity resistance training », Michael E. Rogers, Nicole L. Rogers, Eiji Fujita, Mohammod M. Islam, Nobuo Takeshima. IJSEHR 2017; 1(1): 22-28.
14. « Progressive resistance strength training for improving physical function in older adults », Liu CJ, Latham NK. Cochrane Database syst Rev. 2009, 3. CD002759.
15. « Physical activity and public health in older adults: recommendation from the American College of Sports Medicine and the American Heart Association », Nelson ME, Rejeski WJ, Blair SN, Duncan PW, Judge JO, King AC, Macera CA, Castaneda-Sceppa C. Med Sci Sports Exerc, 2007 Aug;39(8):1435-45. doi: 10.1249/mss.0b013e3180616aa2. PMID: 17762378.
16. *Gériatrie pour le praticien*, *op. cit.*

17. « A longitudinal analysis of loneliness among older people in Great Britain », Victor CR, Bowling A. J Psychol. 146:313-331, 2012.

18. « The effect of loneliness in the elderly population: a review », James Crewdson. *Healthy Aging & Clinical Care in the Elderly*, 2016:8 1-8 doi:10.4137/HACCE.S35890.

19. « Video game training enhances cognitive control in older adults », Anguera, J. A.; Boccanfuso, J.; Rintoul, J. L.; Al-Hashimi, O.; Faraji, F.; Janowich, J.; Kong, E.; Larraburo, Y.; Rolle, C.; Johnston, E.; Gazzaley, A. Nature, 501(7465), 97-101. doi:10.1038/nature12486, 2013.

20. *Le Guide anti-alzheimer. Les secrets d'un cerveau en pleine forme*, Philippe Amouyel, éditions Le Cherche Midi. 2018.

21. « Les Carnets du sommeil - Sommeil, quand il prend de l'âge », Institut national du sommeil et de la vigilance, https://institut-sommeil-vigilance.org/wp-content/uploads/2019/01/Actu-Carnet-Sommeil-Age.pdf

22. « Blocking nocturnal blue light for insomnia: a randomized controlled trial », Shechter, A., Kim, E. W., St-Onge, M. P., & Westwood, A. J., *Journal of Psychiatric Research, 96*, 196-202, 2018. https://doi.org/10.1016/j.jpsychires.2017.10.015

23. *Gériatrie pour le praticien, op. cit.*

24. *Gériatrie pour le praticien, op. cit.*

4
Un nouvel équilibre à tâtons

1. Vous trouverez renseignements, conseils et soutien sur le site de l'association Jade (Jeunes aidants ensemble) : www.jeunes-aidants.com

2. https://drees.solidarites-sante.gouv.fr/sources-outils-et-enquetes/02-les-enquetes-handicap-sante

3. *Tout vouloir, tout avoir*, Sarah Zitouni, éditions Kiwi. 2021.

6
La maison au bout du chemin

1. Chirurgie de maître Henri de Mondeville, chirurgien de Philippe le Bel..., composée de 1306 à 1320, traduction française, avec des notes, une introduction et une biographie, publiée par E. Nicaise ; avec la collaboration du Dr Saint-Lager et de F. Chavannes, édition 1893. http://catalogue.bnf.fr/ark:/12148/cb30592733g

2. *Gesundheit!: Bringing Good Health to You, the Medical System, and Society through Physician Service, Complementary Therapies, Humor, and Joy*, Patch Adams M. D., Maureen Mylander, Healing Arts Press, 1992.

3. « Neuroendocrine and stress hormone changes during mirthful laughter », Berk, L. S., & et al., *American Journal of Medical Sciences*, 298, 390-396, 1989.

4. « Effects of laughter therapy on depression, cognition and sleep among the community dwelling elderly », Hae-Jin, K., & Chang-Ho, Y., *Japan Geriatrics Society*, 2011.

Table

Composition et mise en pages
Nord Compo à Villeneuve-d'Ascq

CET OUVRAGE
A ÉTÉ ACHEVÉ D'IMPRIMER
SUR ROTO-PAGE
PAR L'IMPRIMERIE FLOCH À MAYENNE
EN AOÛT 2022

N° d'impression : 100924
Imprimé en France